Offenkundiges Vorbenutztsein von Erfindungen

als Hinderniss für die Patentertheilung und als Nichtigkeitsgrund für Patente.

Von

Erich von Boehmer,
Kaiserl. Regierungsrath,
Mitglied des Kaiserlichen Patentamtes.

Springer-Verlag Berlin Heidelberg GmbH 1901

ISBN 978-3-662-31939-0 ISBN 978-3-662-32766-1 (eBook)
DOI 10.1007/978-3-662-32766-1

Vorwort.

Bei der Schaffung des Patentgesetzes vom Jahre 1877 sind die Vor- und Nachtheile des Verfahrens, Patente auf Grund sachlicher Vorprüfung zu ertheilen und desjenigen, sie ohne Prüfung auf die blosse Anmeldung hin zu ertheilen, sorgfältig gegen einander abgewogen worden. Wie aus den Motiven, mit denen der Entwurf des Gesetzes dem Reichstage vorgelegt worden ist, hervorgeht, war man sich durchaus im Klaren darüber, dass zwar ein Verfahren ohne gründliche Vorprüfung unvermeidlich zu grossen Missständen führen würde, aber auch darüber, dass bei dem Vorprüfungsverfahren manche Nachtheile in Kauf genommen werden müssen, Mängel die nicht ganz zu beseitigen, sondern nur durch zweckentsprechende Bestimmungen und Gesetzeshandhabung gemildert werden können.

Es heisst in den Motiven (S. 16), die Gesetzesvorlage enthalte zu diesem Zwecke — der Abschwächung solcher Schattenseiten und Mängel des Vorprüfungsverfahrens — erstens für die die Patentfähigkeit bedingenden Voraussetzungen eine schärfere Begrenzung als bis dahin gegeben war. In der That findet man in den §§ 1, 2 u. 3 der Gesetzesvorlage diese Voraussetzungen schärfer zum Ausdrucke gebracht, als in den früheren Landesgesetzen und Vereinbarungen der Bundesstaaten. Zweitens ist in den

Inhalt.

hundert Jahren“ eingefügt. Der übrige Wortlaut des Satzes ist unverändert geblieben. Der Inhalt eines dem Paragraphen hinzugefügten zweiten Absatzes kann hier ausser Betracht bleiben.

II. Die Bedeutung des Wortes offenkundig.

Satzbau und Zeitform im § 2.

Wenn von einer Erfindung gesagt wird: „sie ist offenkundig benutzt“ so kann vielleicht angenommen werden, dieser Satz sei aus der Aussage „sie ist, wie offenkundig ist, benutzt“ durch Auslassung zweier Wörter und Zusammenziehung der übrigen Redetheile entstanden. Hält man eine solche Ellipse nicht für vorliegend, so darf man doch in dem kürzeren Satze das Wort „offenkundig“ nicht als ein Wort ansehen, durch das etwas über die Art und Weise des Benutzens angegeben sein könnte, sondern nur als ein Umstandswort, durch das ein Nebenumstand, unter dem der Zustand des Benutztseins vorliegt, zur Erwähnung gebracht ist, eben so wie in dem Gesetzesparagraphen durch die Worte „zur Zeit u. s. w.“ der Umstand der Zeit für den Zustand des Benutztseins angegeben ist, nicht für die Handlung oder den Vorgang des Benutzens. Bei etwaigem Zweifel braucht man, um darüber ins Klare zu kommen, nur an ähnliche Sätze zu denken, wie: Es ist selbstverständlich benutzt, oder unzweifelhaft, unbestritten, allgemein benutzt. Niemand wird annehmen, dass das heissen solle: In einer sich selbst verständlich machenden Weise benutzt u. s. w.

Es ist sehr zu beachten, dass im Gesetze nicht das Perfectum steht: „benutzt worden ist“, wie früher manche Schriftsteller angenommen haben[1]), sondern eine davon

---

[1]) z. B. Kohler, Deutsches Patentrecht, 1877 S. 36, Zeile 14.

grundverschiedene Zeitform: „benutzt ist“, das Perfectum präsens. Dass diese Zeitform hier etwa blos versehentlich angewendet worden sei, lässt sich nicht annehmen, da die Worte „zur Zeit der Anmeldung“ in Verbindung mit dem Perfectum eine Bestimmung ergäben, die der Gesetzgeber sicher nicht beabsichtigt hat.

Mag man annehmen, dass im Gesetze an dieser Stelle eine Zusammenziehung vorliegt, die aufgelöst werden müsse in: „bereits benutzt und dies so offenkundig ist“[2]), oder mag man dies ablehnen und, was anderenfalls allein übrig bleibt und wohl vorzuziehen sein dürfte, offenkundig hier als ein Umstandswort im oben dargelegten Sinne ansehen, keinesfalls wird man, wie Dr. Schanze[3]) es thut, anzunehmen brauchen und annehmen dürfen, das Wort bedeute im Patentgesetze im Wesentlichen etwas anderes als sonst überall in der Gesetzessprache, z. B. in dem § 291 (264) der Civilprocessordnung, der lautet: „Thatsachen, welche bei dem Gericht offenkundig sind, bedürfen keines Beweises.“ Nur der Grad des Offenkundigseins wird durch die Appositionen, die in beiden Gesetzen verschieden sind, verschieden bestimmt. Von der näheren Bestimmung „bei dem Gerichte“ muss selbstverständlich abgesehen werden, da sie im Patentgesetze nicht steht. Wo etwas offenkundig ist, ob in einer Dorfgemeinde oder Stadt, in einem Industriekreise oder dergl. ist jedesmal eine Frage für sich.

„Offenkundig“ in der Civilprozessordnung.

Es ist nicht zu billigen, dass Dambach[4]) die Worte im Gesetzestexte ohne Weiteres umstellt, indem er schreibt „wenn sie im Inlande bereits offenkundig so benutzt ist u. s. w.“. Die durch „so“ eingeleitete nähere Bestimmung bei einem Umstandsworte hat nach dem herrschenden Sprach-

[2]) Dass es im Inlande bereits offenkundig sein soll, ist selbstverständlich die Hauptbedingung.

[3]) Archiv f. bürgerl. Recht, Bd. XI S. 25 f unter II, die Offenkundigkeit, Absatz 3.

[4]) Dambach, Das Patentgesetz, 1877 S. 10, Ziffer 7.

gebrauche nichts Auffälliges. Sie entspricht z. B. der Satzform, die sich in einer vom Abgeordneten Grafen Ballestrem in der Reichstagssitzung am 24. April 1877 gehaltenen Rede findet. Er sagte:

> „Dieser Gedanke ist aber nach meiner Ansicht hier im Hause so allgemein anerkannt, dass er wohl nicht erst in einer besonderen Resolution ausgesprochen zu werden braucht".

Der Sprachgebrauch.

Deshalb wird es, selbst wenn man theoretische Bedenken dagegen hegen mag, jedenfalls nach dem Sprachgebrauche gerechtfertigt erscheinen, wenn man von einem Gegenstande sagt: „Er ist so offenkundig benutzt, dass die Thatsache füglich nicht mehr bestritten werden darf", oder: „Er ist so erweislich benutzt, dass u. s. w."

Mindestens wird man bei der Auslegung eines gegebenen Satzes mit diesem Sprachgebrauche zu rechnen haben.

Bei richtigem Verständniss des Satzes, der den 1. Absatz des § 2 bildet, wird man den Ton und Nachdruck auf die Silbe „nutzt" legen, nicht auf die erste Silbe des Wortes offenkundig. Daraus ist dann schon zu erkennen, dass dieses Wort nichts über die Art und Weise des Benutzens aussagen soll. Anders wäre es z. B. bei der Aussage „die Erfindung ist eigenartig benutzt", bei der die erste Silbe von eigenartig stärker betont werden muss, als die Silbe „nutzt".

Schanze's Meinung.

Schanze sagt a. a. O.: „In § 2 P.G. hat das Wort offenkundig eine andere Bedeutung [als in der Civilprocessordnung]. Es heisst nicht so viel wie die Benutzung ist eine „offen bekundete" und deshalb keines Beweises bedürftig, sondern es will besagen: Die Benutzung war „offen bekundend", offen Kunde gebend, scil. von der Erfindung."

Hierzu ist zu bemerken, dass „offenkundige Benutzung" wohl niemals soviel heisst wie „offen bekundete Benutzung"[5]), aber noch weniger „offen bekundende", sondern

---

[5]) Wenn eine Thatsache in ein öffentliches Register eingetragen

— wenigstens in der Gesetzessprache — niemals etwas anderes bedeuten dürfte, als eine Benutzung, von der das Publikum weiss, dass sie geschieht. Nimmt das Gericht an diesem Wissen des Publikums Theil, so besteht die Offenkundigkeit bei dem Gericht. Das Wort offenkundig ist, wenn es bei „Benutzung“ steht, zwar ein Adjectivum, aber nicht ein solches, das etwas über die Art und Weise der Thätigkeit des Benutzens aussagt. Ueberdies gilt die Bestimmung im Paragraphen 2 nicht für die Handlung, oder den Vorgang der Benutzung, sondern für den „zur Zeit der Anmeldung“ herrschenden Zustand des Benutztseins[*]). Deshalb kann der Bemerkung Schanzes[6]): „Der Ausdruck ist im Gesetze activ als Epitheton der Benutzung gebraucht“ nicht zugestimmt werden. Das Wort hat auch als Adjectivum niemals aktive Bedeutung und darf ebensowenig als „offen bekundend“ gedeutet werden, wie man in der Aeusserung des Grafen Ballestrem das Wort „allgemein“ etwa als „verallgemeinernd“ deuten dürfte.

Kohler's Meinung.

Auch Kohler[7]) theilt Schanze's Meinung über die Auslegung von offenkundig, wenn er auch über das Wort „benutzt“ mit Schanze nicht einig ist. Er schreibt in der genannten Zeitschrift S. 224 u. 225: „Der Hauptangriff Schanze's und Anderer gegen meine bisherigen Ausführungen über die offenkundige Benutzung geht dahin: ich verwechsele die Benutzung der Erfindung mit dem Gebrauche des Erfindungsgegenstandes; ich betrachte nur eine solche Benutzung als genügend, welche den Gebrauch des Verfahrens oder den Gebrauch des dem Alleingebrauche des Erfinders vorbehaltenen Gegenstandes

---

ist, ist sie offen bekundet, aber nach einer Reichsgerichtsentschdg. (13, 371) ist sie deswegen noch nicht als offenkundig anzusehen.

*) Vergl. dagegen im 1. Abs. des § 2 das Plusquamperfect.

6) Das Recht der Erfindungen, S. 353.

7) Kohler, Studien zum Patentrecht in der Zeitschrift f. Privat- und öffentl. Recht Bd. XXV S. 224 und Handbuch des Deutschen Patentrechtes, Mannheim, 1900, S. 190.

gleichbedeutend mit „offen und kundig" ansehen darf, geschweige denn mit „offen kundbarmachend".

Es fehlt an jeglichem Anzeichen dafür, dass kundig oder kundlich jemals neben ihren bekannten Bedeutungen auch diejenige von kundbarmachend gehabt haben. Im deutschen Wörterbuche von Grimm (Leipzig 1873) findet sich keine dahin zu deutende Angabe. Daraus, dass dort unter „II. Gebrauch und Bedeutung, 1a", steht: „kundig machen notificare", kann man vielmehr schliessen, dass kundig allein nicht kundbarmachend bedeutet hat. Unter 1a bis c weist Grimm nach, dass kundig und kündig früher viel in den Bedeutungen von bekannt und notorisch gebraucht worden sind, wenn dies jetzt auch nur noch selten geschieht und fügt hinzu: „Aber allgemein noch: stadtkundig (stadtbekannt), aktenkundig, offenkundig, auch schulkundig (Lessing)." Er weist unter 2. auf die Bedeutung hin, in der kundig jetzt im Gelehrten- und Zeitungsstile fast nur noch gebraucht wird, persönlich: kennend, wissend, erfahren, z. B.: das hat für den Kundigen nichts auffallendes, der Alterthumskundige u. s. w. Unter 1d, 14. Zeile, führt er an: „landkundig, weltkundig" im Sinne von allbekannt. Wenn man dieses landkundig mit landeskundig vergleicht, sieht man deutlich den Unterschied: dem ganzen Lande kundig = bekannt und: des Landes kundig = erfahren, peritus. Wenn hiernach schon über den ursprünglichen Sinn des kundig in dem Terminus offenkundig kein Zweifel bestehen kann, so ist noch beachtenswerth, dass Grimm angiebt: „offenkundig, adj. u. adv., 1. allgemein bekannt, 2. öffentlich, 3. ganz klar und deutlich, 4. nach Heynatz 2, 309 (und danach bei Adelung) ein oberdeutscher Ausdruck für notorisch." Also auch hier nichts von kundbarmachend. Dass das Wort „offenkundig" bald Adjektiv, bald Adverb sein kann, ohne dazu einer Aenderung seiner Gestalt zu bedürfen, ist eine Eigenschaft, die es mit vielen Wörtern theilt. Dagegen muss z. B. das fast gleichbedeutende Adjektiv „allbekannt",

Grimms deutsches Wörterbuch.

wenn es als Adverb dienen soll, je nachdem es die Art und Weise angeben soll oder nicht, in „allbekannterweise" oder „allbekanntermaassen" umgestaltet werden. „Offenkundig" als Adverb entspricht ungefähr dem Worte „allbekanntermaassen", aber durchaus nicht dem Worte „allbekannterweise". Ueberliest man die Gesetzesbestimmung nachdem man darin einmal „allbekanntermaassen" statt „offenkundig" gesetzt hat, so wird man von der irrthümlichen Auffassung, „offenkundig" sei ein aktiv gebrauchtes Epitheton, sicher zurückkommen. Wenn auch hier und da einmal in der Volkssprache die bei Grimm unter 2 und 3 angeführten Begriffe mit dem Begriffe offenkundig zusammengeworfen sein mögen, so wird das doch als Ausnahme zu betrachten sein. In der Gesetzessprache wird sich Derartiges nicht nachweisen lassen, da in dieser der Begriff „öffentlich" längst scharf gegen verwandte Begriffe abgegrenzt ist. Zwischen „öffentlich benutzt" und „offenkundig benutzt" besteht ein grosser Unterschied. Was einmal öffentlich benutzt ist, bleibt für alle Zeiten öffentlich benutzt; es braucht aber überhaupt nicht von dem Publikum erkannt worden zu sein, dass die Benutzung geschehen ist. Dagegen ist etwas offenkundig benutzt nur so lange, wie das Publikum weiss, dass es benutzt ist. Der Begriff „ganz klar und deutlich" wird in der Gesetzessprache, wenn nicht durch diese Worte selbst, eher durch „ersichtlich, offenbar", oder das neumodische „offensichtlich", als durch „offenkundig" ausgedrückt werden. Deshalb ist wohl im § 4, Ziffer 3 des Waarenzeichengesetzes an die Stelle des im ersten Entwurfe[7a]) vorgesehen gewesenen „offenkundig" später das Wort „ersichtlich" gesetzt worden. Langenbeck[8]) äussert zwar in einem Aufsatze über die Notorietät die Ansicht: offenkundig sei: was man klar und deutlich erkannt

Waarenzeichengesetz, 1. Entwurf.

Langenbeck über Notorietät.

[7a]) Dieser Entwurf ist als besonderer Abdruck aus dem Reichsanzeiger erschienen in Carl Heymann's Verlag, Berlin 1892.

[8]) Busch's Zeitschrift f. Civilprocess Bd. 4, 1882, S. 470 ff.

hat. Aber aus dem ganzen Aufsatze ist auch klar und deutlich zu erkennen, dass er mit „man“ hier nicht irgend Jemanden, sondern das Publikum, das Volk, oder eine Abtheilung des Volkes meint. Da der Grad der Offenkundigkeit auch in Richtung der erforderlichen Klarheit durch den mit „so“ angeknüpften Nachsatz „dass danach die Benutzung u. s. w.“ schon im Gesetze vorgeschrieben ist, so kann die Frage, ob denn wirklich in dem Begriffe „offenkundig“ selbst schon der Begriff „ganz klar und deutlich“ liegt oder nicht, hier unerörtert bleiben. Langenbeck äussert a. a. O. S. 493: „darf sich die Partei zum Beweise der Offenkundigkeit erbieten? Diese Frage bejahe ich, wie ich es in meinen früheren Schriften gethan und begründet habe. Gelingt es nun der Partei, den Richter von der Offenkundigkeit zu überzeugen, so liegt solche beim Gerichte vor, folglich bedarf die Thatsache selbst keines Beweises.“

Es bleiben nun für die Auslegung des Wortes offenkundig in der Gesetzessprache von den vier Angaben Grimm's nur noch die beiden: allgemein bekannt und notorisch übrig. Da oft, z. B. in den Motiven, mit denen der Entwurf der Civilprocessordnung seiner Zeit dem Reichstage vorgelegt worden ist, unter Notorietät speciell das Offenkundigsein bei dem Gerichte verstanden wird, so dürfte der allgemeinere Begriff offenkundig in der Gesetzessprache ungefähr mit dem bei Grimm unter 1. genannten „allgemein bekannt“ oder „allbekanntermaassen“ in dem Sinne von „dem Publikum bekannt“ zu umschreiben sein. Dass mit dem Ausdrucke „allgemeinbekannt“ nicht gemeint sein kann, es müsse die Thatsache nun auch wirklich jedem menschlichen Wesen bekannt sein, ist selbstverständlich. Es kann nur gemeint sein, dass sie einem Theile des Publikums schon bekannt ist und dass ihre Weiterverbreitung noch im Gange ist, ohne dass sie als Mittheilung eines Geheimnisses angesehen wird. Einer Beschränkung auf einen Theil des Publikums stehen

Offenkundig und allbekannt.

bei dem Worte „offenkundig“ jedenfalls noch weniger sprachliche Bedenken entgegen, da der Wortstamm „all“ darin nicht vorkommt. Im Wörterbuche der deutschen Sprache von Sanders, Leipzig 1860, Band 1, wo auch „landkundig = im ganzen Lande bekannt“, erwähnt ist, findet sich S. 1052 mittl. Sp. Z. 13 u. 14 nur: „Offenkundig = publik = öffentlich bekannt, ähnlich schulkundig, stadtkundig u. s. w.“ Ebenso in dem Handwörterbuche der deutschen Sprache von Sanders v. J. 1888 S. 579 l. Sp. Z. 8 u. 9 v. u. Im deutschen Wörterbuche von Heyne 1891 bis 1892, Bd. 2, S. 1052 l. Sp. findet sich: „Offenkundig, der öffentlichen Kunde zufallend, Jedermann bekannt, notorisch, zuerst mit Umlaut als oberdeutsches Wort, dann ohne Umlaut, jetzt sehr verbreitetes Wort“. Im deutschen Wörterbuche von Paul, 1897, S. 265: „Kundig, früher mit Umlaut, 1. „bekannt“, seit dem 18. Jahrh. unüblich geworden, nur noch vereinzelt gebraucht; allgemein geblieben in offenkundig, stadtkundig, auch landkundig, weltkundig.“ Im „Deutschen Wortschatze“ von Wessely (München) 3. Auflage (Leipzig 1892), S. 469 findet sich für offenkundig nur die Bedeutung „allgemein bekannt“ angegeben.

Andere deutsche Wörterbücher.

Der principielle Unterschied zwischen der hier vorgetragenen Auffassung und der Auslegung, die Schanze der fraglichen Bestimmung im § 2 giebt, liegt darin, dass Schanze immer nur den **Vorgang** des Benutzens ins Auge gefasst hat und sich damit begnügt hat, danach zu fragen, wie **dabei** die Umstände gewesen sind, anstatt — wie hier verlangt ist — zu fragen: Wie hat sich der **Zustand** des Benutztseins im Geiste der Leute widergespiegelt, d. h., was ist dem Publikum bereits wirklich davon „kundig“ = **bekannt** gewesen — zu der Zeit als die Anmeldung erfolgt ist? Dass Schanze auf diese wichtige Frage, deren Beantwortung die Grundlage für die Entscheidung bilden muss, keinen Werth gelegt hat, geht aus folgenden Ausführungen hervor, die er in

Meinungsunterschied gegenüber Schanze.

Hauptzweck und Sinn des Gesetzes.

greifen und ihre Sinne aufgethan hätten. Denn der Hauptzweck des Gesetzes ist, zu verhindern, dass Erfindungen geheim bleiben und der Sinn des Gesetzes ist, dass sie als geheim angesehen werden müssen, wenn nicht ständig zur Zeit der Anmeldung noch den inländischen Sachverständigen desjenigen Industriezweiges, zu dem die Erfindung gehört, die Gelegenheit offen steht, die Erfindung kennen zu lernen. Dadurch, dass diese Gelegenheit einmal früher Leuten geboten gewesen ist, die sie — mit oder ohne ihre Schuld — thatsächlich nicht benutzt haben, ist keine der im Absatz 1 des § 2 enthaltenen Voraussetzungen erfüllt.

Meinung der Reichstags-kommission.

Es kann die Frage aufgeworfen werden: Ist es nicht zu schwierig, nachträglich festzustellen, ob der Zustand des Benutztseins einer Erfindung dem Publikum bekannt gewesen ist? Bei der Berathung der Gesetzesvorlage in der Reichstagskommission im Jahre 1877 hat ein Mitglied den Antrag gestellt, eine Erfindung solle nicht als neu gelten, wenn sie im Inlande nachweislich schon **gewerblich** benutzt worden sei, also auch dann, wenn das Fabrikgeheimniss dabei bis zur Anmeldung vollständig gewahrt geblieben sei. Der Antragsteller hat unter anderen Gründen hierfür auch den angeführt, dass „der Begriff des „Offenkundigen“, namentlich im Zusammenhange mit einer solchen Offenkundigkeit, dass danach die Benutzung durch andere Sachverständige möglich erscheine, in seltenen Fällen thatsächlich festzustellen sein werde“. In dem Kommissionsbericht heisst es mit Bezug hierauf:

„Ebenso wie die Regierungskommissarien konnte jedoch die Majorität der Kommission weder diese Besorgnisse theilen, noch die daraus hergeleiteten Folgerungen als zutreffend anerkennen. Zweifellos sind in den deutschen Werkstätten neue Erfindungen im Gebrauch, die keinen Patentschutz haben, ihn aber an und für sich nach Maassgabe des gegenwärtigen Gesetzes erlangen können. Ist diese Anwendung einem Jeden zugängig, weil der

Werkstättseigenthümer daraus kein Geheimniss macht, den Zutritt zur Werkstatt erlaubt, oder in dem Sinne offenkundig, dass sie in vielen Werkstätten erfolgt, so liegt selbstverständlich kein vernünftiger Grund vor, die Erfindung als patentfähig anzusehen. Das will auch der Gesetzentwurf nicht."

Hiernach erscheint es ausgeschlossen, dass der Gesetzgeber solche Bedenken gehegt und das Wort offenkundig deshalb in einem anderen Sinne gebraucht habe, als es sonst in der Gesetzessprache gebraucht wird.

Zugleich bietet diese Stelle aus dem Kommissionsberichte einen Beweis dafür, dass auch die Kommission das Wort so ausgelegt hat, dass dasjenige was die Benutzenden oder andere Personen wissen zu der in Frage kommenden Zeit wirklich noch „einem Jeden" zugängig sein soll.

III. Etwas von der Vorgeschichte des § 2.

Es ist von Interesse, zu wissen, wann das Wort „offenkundig" zuerst in den vielen Vorstufen erscheint, die der deutsche Gesetzentwurf durchgemacht hat und wann zuerst in den sonstigen Vorarbeiten für das Gesetz.

Die Worte „offenkundiger Betrieb" standen schon in der für die Enquête im Jahre 1876 aufgestellten Frage IIIa, die auf Seite 40 noch angeführt und besprochen werden wird. Ferner hat sich bei den Enquêteberathungen 1876 eine Minderheit*) für eine dahingehende Bestimmung erklärt, „dass bei der Beurtheilung der Patentfähigkeit dasjenige als neu gelten dürfe, was nicht in den letzten 50 Jahren gedruckt oder offenkundig benutzt ist, dass mit-

Enquêteberathungen v. J. 1876.

*) Die dagegen von der Majorität vorgeschlagene Bestimmung siehe auf Seite 40.

hin ein älterer Druck oder Betrieb der Sache die Neuheit nicht entziehe“.

Der 1. Gesetzentwurf vom Reichskanzleramte.

Aber das Wort offenkundig fehlte ganz in der Bestimmung des vom Reichskanzleramte am 22. November 1876 in den Beilagen zu No. 275 und No. 276 des Reichsanzeigers veröffentlichten Gesetzentwurfes. Dort lautete der zweite Absatz des § 2:

„Eine Erfindung gilt nicht als neu, wenn sie in öffentlichen Druckschriften, mit Ausnahme der amtlichen Patentschriften des Auslandes, bereits derart beschrieben, oder innerhalb des Reiches bereits derart benutzt ist, dass danach die Benutzung durch andere Sachverständige möglich erscheint.“

Aeusserung des Patentschutzvereines v. J. 1876.

Zu diesem Entwurfe äusserte sich der Vorstand des deutschen Patentschutzvereines, der im Jahre vorher in einer Petition an den Bundesrath einen Gesetzentwurf vorgelegt hatte, indem er nun beide Entwürfe in einem an das Reichskanzleramt gerichteten Schreiben*) vom 20. December 1876 mit einander verglich, folgendermaassen:

„Dieser Absatz unterscheidet sich von dem des § 2 des Vereinsentwurfes erstlich dadurch, dass die Beschreibung in öffentlichen Druckschriften unter allen Umständen, nämlich auch dann, wenn die betreffende Druckschrift in Deutschland ganz unbekannt ist, der Neuheit der Erfindung entgegensteht. Der Vereinsentwurf hat das dadurch vermeiden wollen, dass für beide Fälle der Verbreitung, sowohl den der Verbreitung durch den Druck, als den der Verbreitung durch Betrieb das weitere Kriterium des Bekanntwerdens im deutschen Reiche aufgestellt ist. Sodann

---

*) Das Schreiben ist in einer besonderen Druckschrift von dem Vereine veröffentlicht (16 Druckseiten, Folio), Druck von J. C. F. Pickenhahn & Sohn in Chemnitz; Bücherei des Patentamtes, Sammelband A. In diesem finden sich auch die Gesetzentwürfe der genannten Vereine.

ist zweitens das blosse Kriterium der Benutzung nicht ausreichend. Es handelt sich um „Bekanntwerden durch die Benutzung“, eine geheime Benutzung soll die Patentirung nicht ausschliessen.“

An einer anderen Stelle desselben Schreibens des Vereinsvorstandes heisst es in Bezug auf den § 2 des Entwurfes:

„Die Worte „mit Ausnahme der amtlichen Patentschriften des Auslandes“ müssen nothwendig gestrichen werden. Ohnehin durchbrechen sie in dieser Stellung den Gedankengang. Denn wenn irgend eine öffentliche Druckschrift bei Prüfung der Neuheit einer Erfindung in Betracht zu ziehen ist, so ist es gerade vorzugsweise die amtliche Patentschrift. — Der Wunsch, dass das durch diese amtliche Patentschrift herbeigeführte Bekanntwerden den Patentinhaber nicht hindere, ein deutsches Reichspatent nachzusuchen, ist an sich nicht unberechtigt. Will man ihn berücksichtigen, so muss am Schluss des § 2 zu Gunsten des Patentinhabers eine besondere Ausnahmebestimmung aufgenommen werden. Diese Ausnahme wäre aber an die Einhaltung einer gewissen Frist zu knüpfen, welche ebenso lang zu bemessen wäre, wie diejenige Frist, um welche man die Veröffentlichung der Beschreibung in Deutschland deshalb hinauszuschieben gestattet, damit der, welcher um ein deutsches Reichspatent nachsucht, dadurch nicht gehindert wird, seine Absichten auch im Auslande zur Geltung zu bringen. Die Frist würde nach dem Vereinsentwurfe 6 Monate betragen.“

Vorlage des Entwurfes beim Bundesrathe 1877.

Der Gesetzesentwurf, der am 6. Februar 1877 vom Reichskanzler dem Bundesrathe vorgelegt worden ist, zeigt in der Fassung des § 2 dem ersten Entwurfe vom 22. November 1876 gegenüber einige Aenderungen, die allem Anscheine nach in Folge des Schreibens des Vereinsvorstandes vorgenommen sein dürften.

Die neue Fassung lautete:

§ 2, zweiter Absatz: „Eine Erfindung gilt nicht als neu, wenn sie zur Zeit der auf Grund dieses Gesetzes erfolgten Anmeldung in öffentlichen Druckschriften bereits derart beschrieben, oder im Inlande bereits so offenkundig benutzt ist, dass danach die Benutzung durch andere Sachverständige möglich erscheint.

dritter Absatz: Die im Auslande amtlich herausgegebenen Patentbeschreibungen stehen den öffentlichen Druckschriften erst nach Verlauf von drei Monaten seit dem Tage der Herausgabe gleich."

Hier erscheint also zum ersten Male das Wort offenkundig genau in dem Zusammenhange, in dem es jetzt im Gesetze steht.

Wenn auch in dem letzten Absatze nicht ganz die von dem Vereinsvorstande vorgeschlagene Bestimmung zum Ausdruck gebracht ist, so kann doch wohl angenommen werden, dass die Einfügung des Wortes offenkundig ganz in dem Sinne geschehen ist, in dem der Vorstand eine Aenderung der Vorschrift über das Benutztsein gewünscht hatte. Die Eingabe war von dem I. Vorsitzenden des Vereines, Dr. Werner Siemens (Inhaber der Firma Siemens & Halske) unterzeichnet, der schon bei der Enquête 1876 im Reichskanzleramte als Sachverständiger gehört worden war. Der neuen Fassung vom 6. Februar 1877 hat der Bundesrath seine Zustimmung ertheilt. Der damalige zweite Absatz des Paragraphen stimmt mit dem bekannten einzigen Absatze überein, den der § 2 nach dem Gesetze vom 25. Mai 1877 hatte.

Der Satz des Schreibens: „dass für beide Fälle der Verbreitung, sowohl den . . . . ., als den der Verbreitung durch Betrieb das weitere Kriterium des Bekanntwerdens im deutschen Reiche aufgestellt ist", lässt keine Missdeutung zu, aber die darauf folgenden beiden Sätze der zuerst angeführten Stelle aus dem Schreiben des Vereinsvorstandes vom 20. December 1876 klingen, als ob gewünscht worden wäre, in dem Entwurfe sollten die Worte „bereits derart benutzt" etwa durch die Worte: „bereits derart durch Benutzung bekannt geworden ist" ersetzt werden. Abgesehen davon, dass man selbst bei dieser Fassung noch keineswegs hätte schliessen dürfen, es sei gemeint: „nur wenn die Erfindung bereits derart unmittelbar durch eine offen erfolgte Benutzung bekannt geworden ist", — abgesehen hiervon — ist sicher, dass das nicht die Meinung des Vereinsvorstandes gewesen sein kann, denn in dem erwähnten Entwurfe des Patentschutzvereines vom Jahre 1875 lautete die Bestimmung im § 2:

Gesetzentwurf des Patentschutzvereines.

> „Eine Erfindung, welche durch den Druck oder durch offenen Betrieb oder anderweitig vor der Anmeldung des Patentes in solcher Weise im deutschen Reiche bekannt geworden ist, dass dieselbe danach vollständig ausgeführt werden kann, gilt nicht als neu. Die geheime Benutzung einer Erfindung hindert dagegen nicht die Ertheilung des Patentes an einen Anderen, unbeschadet des Rechts desjenigen, welcher die Erfindung bisher geheim benutzt hat, sie fernerhin selbst zu benutzen."

Die Worte „oder anderweitig" besagen denn doch deutlich genug, dass der offene Betrieb nur beispielsweise angeführt ist.

Der Vorstand des Patentschutzvereines hat in seiner Eingabe vom 20. December 1876 wiederholt hervorgehoben, dass er nach wie vor in jeder Hinsicht die sämmtlichen Bestimmungen seines Entwurfes vom Jahre 1875 befürworte. Er forderte nach wie vor, dass nicht die blosse Möglichkeit des Bekanntwerdens genügen, sondern, dass in dem Paragraphen bestimmt sein sollte: Wenn eine Erfindung auf irgend welche Weise in Deutschland so dem Publikum bekannt geworden ist, dass sie danach vollständig ausgeführt werden kann, gilt sie nicht als neu.

IV. Rücksicht auf andere Patentgesetze.

Vor dem Erlass des deutschen Patentgesetzes vom Jahre 1877 findet sich weder in einem ausländischen Patentgesetze, noch in irgend einem von denen, die in den einzelnen deutschen Bundesstaaten galten[9]) ein Wort oder eine Bestimmung, die so gedeutet werden könnten, wie Schanze und Kohler jetzt das Wort offenkundig und die Bestimmung auslegen. Das ist um so mehr zu beachten, als in den Motiven der Gesetzesvorlage von 1877 darauf hingewiesen ist, dass die Vorschriften im § 2 hinsichtlich der neuheitszerstörenden Wirkung der Veröffentlichung und des offenkundigen Benutztseins sich mit dem damals in Deutschland geltenden Rechte in wesentlicher Uebereinstimmung befänden. Als in Deutschland geltendes Recht kam, wie im ersten Absatze der Motive (S. 12) hervorgehoben ist, hauptsächlich die Uebereinkunft der zum Zoll- und Handelsvereine verbundenen Regierungen vom 21. Septbr. 1842 in Betracht, die im Artikel 21 des Zollvertrages vom 8. Juli 1867 und im Artikel 40 der Reichsverfassung erneute Anerkennung gefunden hatte, und die Bestimmung enthielt[10]):

Patentrecht in Deutschland bis 1877.

Uebereinkunft vom Jahre 1842.

„I. Es sollen Patente überall nur für solche Gegenstände ertheilt werden, welche wirklich neu und eigenthümlich sind. Die Ertheilung eines Patentes darf mithin nicht stattfinden für Gegenstände, welche vor dem Tage des Patentes innerhalb des Vereinsgebietes schon ausgeführt, gangbar,

---

[9]) Vergl. Klostermann, Die Patentgesetzgebung aller Länder. 2. Auflage, Berlin 1876.

[10]) Stolle, Patentgesetzgebung, Leipzig 1855, S. 18 u. 19.

oder auf irgend eine Weise bekannt waren; insbesondere bleibt dieselbe ausgeschlossen bei allen Gegenständen, die bereits in öffentlichen Werken des In- und Auslandes, sie mögen in der deutschen oder einer fremden Sprache geschrieben sein, dergestalt durch Beschreibung oder Zeichnung dargestellt sind, dass danach die Ausführung durch jeden Sachverständigen erfolgen kann. Die Beurtheilung der Neuheit und Eigenthümlichkeit des zu patentirenden Gegenstandes bleibt dem Ermessen einer jeden Regierung überlassen. — —

VI. Wenn nach Ertheilung des Patentes der Nachweis geführt wird, dass die Voraussetzung der Neuheit und Eigenthümlichkeit nicht gegründet gewesen sei, so soll dasselbe sofort zurückgenommen werden. In solchen Fällen, wo der patentirte Gegenstand zwar Einzelnen schon früher bekannt gewesen, von diesen jedoch geheim gehalten worden ist, bleibt das Patent, soweit dessen Aufhebung nicht etwa durch anderweitige Umstände bedingt wird, zwar bei Kräften, jedoch gegen die gedachten Personen ohne Wirkung."

Kohler sagt[11]): „Das österreichische Gesetz hat den Begriff der offenkundigen Vorbenutzung als eines die Neuheit störenden Umstandes vom deutschen Gesetze übernommen." Das österr. Gesetz v. J. 1897.

Die Absicht dazu mag bestanden haben, aber bei der Uebernahme ist der ursprüngliche Sinn entstellt worden, denn im § 3 des österr. Gesetzes vom 11. Jänner 1897 heisst es:

„Eine Erfindung gilt nicht als neu, wenn sie bereits vor dem Zeitpunkte ihrer diesem Gesetze entsprechenden Anmeldung

11) Zeitschrift f. Privat- und öffentl. Recht Bd. XXV. S. 224.

1. in veröffentlichten Druckschriften derart beschrieben wurde, dass danach die Benützung durch Sachverständige möglich erscheint; oder

2. im Inlande so offenkundig benützt, öffentlich zur Schau gestellt oder vorgeführt wurde, dass danach die Benützung durch Sachverständige möglich erscheint; oder

3. den Gegenstand eines im Geltungsgebiete dieses Gesetzes in Kraft gestandenen Privilegiums gebildet hat und zum Gemeingute geworden ist.

Der Gebrauch des Imperfekts (beschrieben wurde, benützt wurde u. s. w.) unter 1. und 2. scheint ein österreichischer Provinzialismus zu sein. Wenn er das nicht wäre, so müsste man nach der Fassung annehmen, dass nicht ein einmaliger Fall, sondern nur fortgesetztes Beschreiben, Offenkundigkeit fortgesetzten Benützens u. s. w. vor der Anmeldung als neuheitszerstörend gelten sollen. Unter 3. steht denn auch das Perfektum. Selbstverständlich kann die Fassung im österr. Gesetze nicht maassgebend für die Auslegung der Bestimmung in dem so viele Jahre früher erlassenen deutschen Gesetze sein.

Gesetzentwurf des Vereines d. Ingenieure.

In einem im Jahre 1872 vom Verein deutscher Ingenieure dem Bundesrathe mit einer Petition vorgelegten Gesetzentwurfe standen in der Bestimmung über die neuheitszerstörenden Umstände auch die Worte „oder anderweitig bekannt“.

Der oben angeführte Entwurf des Patentschutzvereins lehnte sich in jeder Hinsicht an diesen Entwurf vom Jahre 1872 an, während in diesem nach Ausweis seiner Motive der Paragraph 2 nach den entsprechenden Bestimmungen der preussischen, österreichischen, britischen, nordamerikanischen und französischen Gesetze zusammengestellt war. Daneben hatte noch ein Entwurf zum Muster gedient, der

Gesetzentwurf des Bundesrathes v. J. 1863.

im Jahre 1863 von einer Commission des Bundesrathes ausgearbeitet worden war und unter anderem die Worte enthielt: „im Bereiche eines der contrahirenden Staaten

— — — — oder auf irgend eine andere Weise bekannt ist" und „in einem anderen Staate — — sonst allgemein bekannt ist".

In Preussen galten im Jahre 1877 noch die Erläuterungen zum preussischen Publikandum vom 14. Oktober 1815, die zu § 2 lauteten: „Als bekannt, mithin nicht patentfähig gilt alles das, was in öffentlich erschienenen Werken des In- oder Auslandes, mögen sie in deutscher Sprache oder in einer anderen geschrieben sein, bereits, sei es durch Beschreibung oder Zeichnung angegeben, oder im Inlande in Modellen schon vorhanden ist. Auch kann alles das nicht Gegenstand eines Patentes werden, was der Erfinder selbst schon durch Beschreibung, Zeichnung, oder Ausführung zur Kenntniss des Publikums gebracht hat". Daneben galten jedoch selbstverständlich auch in Preussen die oben angeführten Bestimmungen der Uebereinkunft vom 21. September 1842 mit den Worten „oder auf irgend eine Weise bekannt — — insbesondere u. s. w." In dem österreichischen Gesetze (vom 15. August 1852) fehlte eine so allgemeine Festsetzung, da in demselben der letzte Absatz des § 1 nur lautete: „Als neu wird irgend eine Entdeckung, Erfindung oder Verbesserung betrachtet, wenn sie bis zur Zeit des angesuchten Privilegiums im Inlande weder in der Ausübung steht, noch durch ein öffentliches Druckwerk bekannt ist." Danach galt auch eine Erfindung, die im Geheimen im Inlande in der Ausübung stand, nichts als patentfähig (Klostermann a. a. O. S. 63); anders nach der oben angeführten Bestimmung des jetzt in Oesterreich geltenden Gesetzes.

Preuss. Publikandum v. J. 1815.

Oesterr. Gesetz v. J. 1852.

In Grossbritannien galt damals, wie es noch jetzt gilt, Alles das als neu, was weder von dem Erfinder noch von Anderen im Inlande zu gewerblichen Zwecken benutzt, noch auf irgend welche Weise im Inlande veröffentlicht worden ist. Das Patent wird also auch dann widerrufen, wenn sich herausstellt, dass der Erfinder oder ein Anderer vor der Patentirung im Inlande, sei es offen, oder sei es auch

Grossbritannisches Gesetz.

nur bei strengster Geheimhaltung eine gewerbliche Verwendung von der Erfindung gemacht hat.

Eine geheime Benutzung zu nicht gewerblichen Zwecken zerstört die Neuheit nicht, dagegen wird das Patent widerrufen, wenn, sei es in Folge der nicht gewerblichen Benutzung, oder sei es aus anderen Gründen, die Erfindung dem Publikum im Inlande vor der Patentirung genügend bekannt geworden ist.

Da nach Art. 26 des britischen Gesetzes vom Jahre 1883 (46 und 47 Vict. c. 57) nur das Verfahren der Nichtigkeitsklage geändert ist, aber dieselben Gründe für die Revocation von Patenten gelten, die schon nach dem Gesetze vom 1. Juli 1852 und früher gegolten haben, so galt auch hinsichtlich der neuheitszerstörenden Veröffentlichung schon in den Jahren 1876 und 1877, dasselbe was Lawson*) mit folgenden Worten darüber erklärt:

Meinung von Lawson, Lord Blackburn und Hindmarch.

The law as to previous publication has been thus stated by Lord Blackburn:

"The consideration for a patent is the communication to the public of a process that is new. In Hindmarch on Patents (p. 33), it is laid down that if the public once becomes possessed of an invention by any means whatever, no subsequent patent for it can be granted, either to the true or first inventor himself, or any other person; for the public cannot be deprived of the right to use the invention, and a patentee

Hinsichtlich der Vorveröffentlichung ist das Gesetz von Lord Blackburn so festgestellt worden:

„Die Grundlage für ein Patent ist die Mittheilung des Verfahrens, das neu ist, an das Publikum. In dem Werke von Hindmarch über Patente (S. 33) ist es niedergelegt, dass, sobald das Publikum einmal, sei es auf welche Weise es immer sei, in den Besitz einer Erfindung gelangt ist, in der Folge kein Patent dafür zugestanden werden kann, weder dem wahren oder ersten Erfinder selbt, noch irgend einer anderen Person; weil das Publikum nicht des Rechtes beraubt

*) Lawson M. A. Of Lincoln's Inn; barrister at law, recorder of Richmond, 3. ed. London 1898, pag. 181–182.

of the invention could not give any consideration to the public for the grant, the public already possessing everything that he could give.

This is, in my opinion, a correct statement of the law. It is not necessary that the invention should be used by the public as well as known to the public." — — —

The question to be asked in cases of alleged prior publication is:

"Is it the fair conclusion from the evidence that some English people, under no obligation of secrecy arising from confidence or good faith towards the patentee, knew of the invention at the date when the plaintiff took out his patent?"

In order to show that a patentee is not the true and first inventor of his patented invention, it is not necessary to show that he learnt it from a prior publication existing in this country.

It is sufficient to show that the invention was so described in some book or document in this country, as that some English people

werden kann, die Erfindung zu gebrauchen und ein Patentinhaber für die Patentbewilligung keine Gegenleistung bieten könnte, da das Publikum schon Alles besitzt, was er geben könnte.

Dies ist meiner Meinung nach eine richtige Feststellung des Gesetzes. Es ist nicht nöthig, dass die Erfindung vom Publikum gebraucht worden ist, sondern nur, dass sie dem Publikum bekannt war." — — —

Die in Fällen behaupteter Vorveröffentlichung zu stellende Frage ist:

„Ist aus der Beweisaufnahme billig der Schluss zu ziehen, dass zu der Zeit als der Kläger sein Patent genommen hat, einige englische Leute unter keiner dem Patentinhaber gegenüber aus Vertrauen oder Treu und Glauben entstandenen Verpflichtung der Geheimhaltung von der Erfindung gewusst haben?"

Um zu zeigen, dass der Patentinhaber nicht der wahre und erste Erfinder der patentirten Erfindung ist, ist nicht nothwendig, zu zeigen, dass er sie aus einer in diesem Lande existirenden Vorveröffentlichung kennen gelernt hat.

Es genügt, zu zeigen, dass die Erfindung in diesem Lande so in einem Buche oder Schriftstücke beschrieben war, dass billig zu vermuthen ist, dass may be fairly supposed to have known of it.

einige englische Leute sie gekannt haben.

Thus, where the invention has been made public in England by a description contained in a work, whether written or printed, which has been published in England or where a few copies of a foreign book containing an account of the same invention have been actually sold in England, this will invalidate a subsequent patent.

Also, wenn die Erfindung in England durch eine Beschreibung publik gemacht worden ist, die in einem in England veröffentlichten Werke, sei es geschrieben oder gedruckt, enthalten ist, oder wenn einige Copien eines fremden, einen Bericht von derselben Erfindung enthaltenden Buches thatsächlich in England verkauft worden sind, so wird das ein nachher ertheiltes Patent ungültig machen.

An einer anderen Stelle (pag. 174) führt Lawson in dem genannten Werke aus:

„If the defendant intends to depend for resistance to the plaintiff's claim upon common knowledge, as distinguished from anticipation, it is convenient, if not necessary, to plead that distinctly.

„Wenn der Beklagte beabsichtigt, sich zum Widerstande gegen den Patentanspruch des Klägers auf Gemeinkundigkeit, im Gegensatze zu Vorwegnahme, zu verlassen, so ist wünschenswerth, wenn nicht nothwendig, dass dies ausdrücklich als Beweisgrund angeführt wird.

In Holliday v. Heppenstall — — —, it was held that it is not required by the Act of Parliament, that, if a defendant relies on general public knowledge as an objection to the patent, he should state all the books or publications which contain that knowledge. That is to be proved by witnesses in a general way, and, if necessary, by reference to well-

In dem Falle Holliday wider Heppenstall — — —, ist entschieden worden, dass es nach der Parlamentsakte (vom Jahre 1883, 46 u. 47 Vict. c. 57, sect. 29, subsect. 2 u. 3) nicht erforderlich ist, dass ein Beklagter, der sich auf allgemeine Offenkundigkeit als einen Einwand gegen das Patent stützt, alle die Bücher oder Veröffentlichungen, welche die Kunde enthalten, nennt. Die Offenkundigkeit ist durch Zeuknown works, and the defendants were ordered, to strike out from their particulars all the publications on which they relied simply as enabling them to prove general knowledge. And in Siemens v. Karo — — — this case was treated by Chitty, J., as deciding that it is a wrong method of framing particulars when, by way of illustration of the case intented to be made, under the head of general public knowledge particular instances are given, which, according to the mode in which the objections are framed, can be made use of as special and particular anticipations of the patent.

gen in einem allgemeinen Verfahren zu beweisen und, wenn nothwendig, durch Verweisung auf wohlbekannte Werke, und die Beklagten sind angewiesen worden, von ihren Einzelbegründungen alle Veröffentlichungen zu streichen, auf die sie sich lediglich, als dass sie geeignet seien, allgemeine Offenkundigkeit zu beweisen, berufen hatten. Und in Sachen Siemens wider Karo — — — ist dieser Fall von Chitty, dem Richter, behandelt worden, indem er entschieden hat, dass es eine falsche Methode, Einzelgründe zu formuliren, ist, wenn zu der beabsichtigten Erläuterung des Falles unter dem Titel allgemeiner Offenkundigkeit einzelne Beispiele gegeben werden, von denen, entsprechend der Art und Weise, in der die Einwände formulirt sind, für specielle und besondere Vorwegnahme des Patentes Gebrauch gemacht werden kann.

But the case of Holliday v. Heppenstall is not an authority for allowing a defendant to use, as the only evidence of common knowledge, a specification not mentioned in the objections.

Aber der Fall Holliday wider Heppenstall ist keine Autorität dafür, dass einem Beklagten erlaubt wird, als einzigen Beweis von Gemeinkundigkeit eine in den Einwänden nicht erwähnte Specifikation zu benutzen*). — —

*) Es ist Vorschrift, dass sowohl in der Klage, als in deren Beantwortung von vornherein vollständig alle Einzelgründe für jede Behauptung angeführt werden. Nachträgliche Begründungen werden nicht zugelassen. Mit „Specifikation“ ist die Beschreibung einer zur Patentirung angemeldeten Erfindung gemeint.

— — And in the Solvo Laundry Co. v. Mackie — — it was held that specifications do not show common knowledge, and a defendant, who in action for infringement pleaded that if the plaintiffs alleged that material parts of their alleged invention had been used by her, such parts were old and in common use before the patent, but did not deliver any particulars of objections, was not allowed to adduce in evidence any prior specifications, although such specifictions had been referred to on a motion for injunction in a threats action brought by the defendant against the plaintiffs, which came on for trial with the infringement action. — —

Und in Sachen der Solvo-Laundry-Gesellschaft wider Mackie — — ist entschieden worden, dass Specifikationen Gemeinkundigkeit nicht beweisen, und ist der Beklagten, die in der Patentverletzungsklage plädirte, dass, wenn die Kläger behaupten, dass wesentliche Theile ihrer angeblichen Erfindung von ihr gebraucht worden seien, solche Theile vor der Patentirung alt und im Gemeingebrauch waren, aber keinerlei Einzelgründe für den Einwand lieferte, nicht erlaubt worden, irgend welche früheren Specifikationen zum Beweise anzuführen, obgleich auf solche Specifikationen bei einem Entscheidungsantrage hingewiesen worden war, den die Beklagte gegen die Kläger in einer Bedrohungsklage eingebracht hatte, die mit der Patentverletzungsklage zusammen zur Untersuchung kam*). — —

(P. 190.) — — And when a person communicated an invention (which another subsequently invented independently and patented) confidentially to third parties, who knew that he did not intend to publish it, and who did not themselves publish it, it was held that there was no publication which

(A. a. O. S. 190.) — — Und als Jemand eine Erfindung (die ein Anderer später unabhängig erfunden und patentirt erhalten hatte) vertraulich Dritten mitgetheilt hatte, die wussten, dass er nicht beabsichtigte, sie zu veröffentlichen, und die sie selbst nicht veröffentlichten, so ist entschieden worden, dass keine Veröffentlichung stattgefunden

*) Siehe S. 27.

would avoid the subsequent patent. — — —

habe, die ein nachheriges Patent ungültig gemacht haben würde. — —

— — When there has been no more than a secret use of the invention by the inventor with a view to taking out a patent — —, or the manufacture for the inventor and under injunctions as to secrecy, by a manufacturer — —, or by the inventor's own workmen — —, the patent will be good. But this will not be the case, where the invention was comunicated to a third person in a manner which, both in law and equity, allowed him to do what he liked with the information. — —

— — Wenn nur ein geheimer Gebrauch der Erfindung durch den Erfinder mit der Absicht, ein Patent zu nehmen, stattgefunden hat — —, oder die Fabrikation für den Erfinder und unter der Androhung, dass sie durch den Fabrikanten geheim zu halten sei — —, oder durch des Erfinders eigene Arbeiter — —, so wird das Patent gültig sein. Aber es wird nicht gültig sein, wenn die Erfindung einer dritten Person auf solche Art und Weise mitgetheilt worden ist, dass ihr sowohl nach Gesetz als Billigkeit erlaubt ist, mit der Information zu thun, was sie will oder mag. — —

— — Where the invention was disclosed to public officers who could not keep it secret without a breach of duty, the disclosure was considered as made to the public, and a subsequent patent was held invalid.“ — —

— — Wenn die Erfindung öffentlichen Beamten enthüllt worden ist, die sie nicht geheim halten konnten, ohne ihre Pflicht zu verletzen, so ist die Enthüllung als dem Publikum gemacht angesehen worden und ein nachheriges Patent für ungültig erachtet worden.“ — —

Gesetz der Ver. Staaten v. Nordamerika.

In den Ver. Staaten von Nordamerika gilt seit dem 1. Januar 1898 die nachstehende durch einen Kongressbeschluss vom 3. März 1897 festgesetzte Fassung der Sektionen 4886 und 4923 der vom 43. Kongress revidirten und unterm 22. Juni 1874 bestätigten Statuten. Die Fassung der Sektion 4886, die vom 15. August 1876 bis zum 31. Decbr. 1897 galt, unterschied sich von der jetzt geltenden nachstehenden lediglich dadurch, dass in der 8. Zeile hinter dem Wort „country“ die Worte „before his invention or discorvery thereof“ und in der 14. Zeile hinter dem Wort thereof die Worte „or more than two years prior to his application“ fehlten. Auch die ursprüngliche Fassung der Sektion 4886 vom Jahre 1874 und schon die in den Sektionen 24 und 62 des Gesetzes vom 8. Juli 1870 enthaltenen Bestimmungen stimmten in allen wesentlichen Punkten mit der Fassung vom 15. August 1876 überein.

Sect. 4886.

Any person who has invented or discovered any new and useful art, machine, manufacture or composition of matter, or any new and useful improvement thereof, not known or used by others in this country, before his invention or discovery thereof, and not patented or described in any printed publication in this or any foreign country before his invention or discovery thereof, or more than two years prior to his application, and not in public use or on sale for more than two years prior to his application, unless the same is proved to have been abandoned, may, upon payment of the fees required by law, and other due proceedings had, obtain a patent therefor.

Section 4886.

Jedermann, der irgend eine neue und nützliche Kunst (Verfahren), Maschine, Manufaktur, oder Stoffverbindung oder irgend eine neue und nützliche Verbesserung davon erfunden oder entdeckt hat, die vor seiner Erfindung oder Entdeckung von Anderen in diesem Lande nicht gekannt oder gebraucht und in diesem oder irgend einem fremden Lande vor seiner Erfindung oder Entdeckung, oder mehr als zwei Jahre vor seiner Anmeldung, nicht patentirt oder in irgend einer gedruckten Veröffentlichung beschrieben und nicht mehr als zwei Jahre vor seiner Anmeldung in öffentlichem Gebrauche oder zu Verkauf war, kann, es sei denn bewiesen, dass dieselbe verlassen (aufgegeben) worden ist, nach Bezahlung der vom Gesetz verlangten Gebühren und nach dem weiteren erforderlichen Verfahren, dafür ein Patent erhalten.

Ob sich das „the same" auf art, machine, manufacture etc., oder auf application bezieht, erscheint zweifelhaft. Wahrscheinlich ist, dass es sich auf die Anmeldung bezieht, weil in Sektion 4894 bestimmt ist: „All applications for patents shall be completed and prepared for examination within one year after the filing of the application and in default thereof, or upon failure of the applicant to prosecute the same within one year after any action therein, of which notice shall have been given to the applicant, they shall be regarded as abandoned by the parties thereto, unless it be shown to the satisfaction of the Commissioner of Patents that such delay was unavoidable."

In der Sektion 4920, in der angegeben ist, mit welchen Gründen die Gültigkeit eines Patentes angefochten werden kann, beziehen sich jedoch unter Ziffer 5 die Worte „or had been abandoned tho the public" auf den Gegenstand des Patentes.

Nach Sektion 4887 zerstört die Patentirung einer Erfindung im Auslande die Patentfähigkeit derselben Erfindung im Inlande nur dann, wenn die Anmeldung für das ausländische Patent mehr als sieben Monate früher eingereicht ist, als die für das inländische.

Sektion 4923 lautet:

„Wenn es scheint, dass der Patentinhaber zu der Zeit, als er die Patentanmeldung gemacht, selbst geglaubt hat, der ursprüngliche und erste Erfinder des patentirten Gegenstandes zu sein, so wird das Patent um deswillen, weil die Erfindung oder Entdeckung oder ein Theil derselben vor seiner Erfindung oder Entdeckung davon im Auslande bekannt oder benutzt war, nicht ungültig sein, wenn sie nicht patentirt, oder in einer gedruckten Veröffentlichung beschrieben war."

Da grundsätzlich das Patent nur dem wahren und ersten Erfinder zusteht, so folgt Ungültigkeit, sobald erwiesen ist, dass irgend ein Anderer als der Patentinhaber vor dem in der Sekt. 4886 festgesetzten Zeitpunkte im

Inlande die Erfindung gemacht hatte, auch wenn sie geheim gehalten worden war. Deshalb spielt der Begriff der Offenkundigkeit im amerikanischen Gesetze nicht die gleiche Rolle wie im deutschen.

Das französ. Gesetz.

In Frankreich lautet der noch jetzt geltende Art. 31 des Gesetzes vom 5.—8. Juli 1844:

Ne sera pas réputée nouvelle toute découverte, invention ou application qui en France ou à l'étranger, et antérieurement à la date du dépôt de la demande, aura reçu une publicité suffisante pour pouvoir être exécutée.	Nicht für neu erachtet wird jede Entdeckung, Erfindung oder Anwendung, die in Frankreich oder im Auslande vor dem Zeitpunkte der Deponirung des Patentgesuches eine genügende Publicität erlangt hat, um danach ausgeführt werden zu können.

Das schweiz. Gesetz.

Die Schweiz, in der vordem überhaupt keine Patente ertheilt wurden, hat sich für ihr Patentgesetz vom 29. Juni 1888 diese einfache Bestimmung des französischen Gesetzes zum Muster dienen lassen.

V. Die blosse Möglichkeit des Offenkundigseins.

Der schon auf S. 12 erwähnten Ansicht Schanze's[12]), als Mangel der Neuheit genüge es nach dem deutschen Patentgesetze, wenn nur die Möglichkeit vorliege, dass die Erfindung bekannt geworden sei, kann für diejenigen Fälle, in denen es sich um offenkundiges Benutztsein handelt, nicht zugestimmt werden. In der Bestimmung, die Erfindung solle in öffentlichen Druckschriften beschrieben sein, ist freilich wirkliches Bekanntsein nicht gefordert, obgleich vor dem Erlass des Gesetzes eine Aenderung der Bestimmung gerade in dieser Hinsicht von

Oeffentliche Druckschriften.

[12]) Schanze, Das Recht der Erfindungen, Leipzig 1899, S. 11 Abs. 5 und S. 357 Abs. 5.

recht beachtenswerthen Sachverständigen, wie schon in dem Schreiben des Patentschutzvereines erwähnt ist und weiter unten besprochen werden soll, verlangt worden war. Die Nichtberücksichtigung dieses Verlangens lässt sich vielleicht damit rechtfertigen, dass öffentliche Druckschriften eben solche sind, die Jedem, der sich darum bemüht, zugänglich sind. Das Gesetz verlangt, dass darin die Erfindung zur Zeit der Anmeldung beschrieben **ist.** Der Sinn ist also, dass die Druckschriften zu der Zeit dem Publikum wirklich noch zugänglich sind. Wenn die vollständige und deutliche Beschreibung in einer solchen Druckschrift vorliegt, so kann man den Sachverständigen vielleicht mit einigem Rechte sagen, dass sie finden werden, wenn sie suchen. Wenn aber eine solche Veröffentlichung nicht erfolgt ist, oder die Druckschriften sämmtlich vernichtet oder nicht mehr zugänglich sind, die Erfindung zwar irgend wo im Inlande vor der Anmeldung offen in kundbarmachender Weise benutzt worden ist, aber trotzdem, wie Schanze will, nicht bekannt, geschweige denn offenkundig, d. i. dem Publikum bekannt ist, so wird es oft durchaus unmöglich sein, das zu erforschen, was die Sachverständigen wissen müssten, um die Erfindung benutzen zu können[13]), denn wenn überhaupt Personen bei der offenen Benutzung zugegen gewesen sind, so können sie inzwischen gestorben sein oder den Vorgang vergessen haben, auch werden andere Privatpersonen sie in der Regel nicht dazu zwingen können, darüber zu reden, während

Widerlegung der Meinung Schanze's.

[13]) Kohler (v. Ihering's Jahrb. Bd. XXVI, S. 435) führte in einem Gutachten aus: „Was den sogenannten babylon. Thurm [ein Kunstwerk mit einer Spieluhr im „Grünen Gewölbe" in Dresden] betrifft, so ist eine Offenkundigkeit durch den Einblick in den Mechanismus gestattende offenkundige Benutzung nicht konstatirt. Hätte aber auch eine Offenkundigkeit im Anfange des XVII. Jahrh. bestanden, so wäre sie schon längst untergegangen. Damit ein Patent ausgeschlossen ist, muss eine Erfindung offenkundig sein, nicht blos gewesen sein."

die öffentliche Druckschrift jedem Sachverständigen Rede und Antwort stehen wird.

Wenn eine entgegenzuhaltende öffentliche Druckschrift schon zur Zeit der Anmeldung existirt hat, so genügt es, wenn das Patentamt erst später davon Kenntniss erlangt hat. Das Patentamt muss nun wohl — nach Schanze's Annahme auch etwa erst nach dem Tage der Anmeldung — auf irgend eine Art und Weise oder durch Mittel, über die der Privatmann nicht verfügt, wie z. B. durch Zeugnisszwang von der entgegenzuhaltenden Benutzung Kenntniss erhalten haben, aber wenn es kein Patent ertheilt, so kann es darüber nichts veröffentlichen. Wenn man unter solchen Umständen noch an der von Schanze angenommenen Auslegung des Wortes offenkundig festhalten und behaupten will, dass trotz der erwähnten Schwierigkeiten „danach die Benutzung u. s. w. noch möglich erscheint", so verstiesse es doch geradezu gegen den allgemein anerkannten Hauptzweck des Patentgesetzes, wenn wegen solcher „offenen, kundbarmachenden Benutzung" das Patent versagt würde, denn die Folge wäre doch in den meisten Fällen einfach die, dass die Erfindung, die weder dem Publikum bekannt noch zugänglich ist, geheim bliebe. Dem Anmelder wird es nicht einfallen, sie zu veröffentlichen und da er keinen Schutz erhält, so wird er sie überhaupt nicht, oder nur als Fabrikgeheimniss gewerblich benutzen, so dass sie auch nicht bekannt wird.

Dies ist der Hauptgrund, weswegen der Annahme Schanze's nicht zugestimmt werden kann und selbst dann nicht zugestimmt werden könnte, wenn nach irgend einer unklaren Ausdrucksweise im Gesetze oder in den Motiven, oder wegen einer Vieldeutigkeit des Wortes offenkundig die Annahme zulässig erschiene. Sie steht mit dem Geiste des Gesetzes, nach dem verhindert werden soll, dass Erfindungen geheim bleiben, in Widerspruch. Die Allgemeinheit käme nicht zu ihrem Rechte und obenein geschähe noch dem Anmelder, oder wenn das schon ertheilte Patent in solchem Falle für nichtig erklärt würde, dem Inhaber bitteres Unrecht.

Kohler schreibt im Handbuche d. D. P. R. Mannheim 1900, S. 196: „Die Offenkundigkeit kommt sowohl bei Druckwerken, als auch bei der Benutzung dann zur Geltung, wenn sie so beschaffen war, dass ein Sachkundiger daraus die Erfindung erkennen konnte. Sie tritt daher auch ein, wenn ein veröffentlichtes Buch erwiesenermaassen von keinem Sachkundigen gelesen, wenn eine offenkundige Erfindungsbenutzung von keinem Sachkundigen gesehen, oder von den Sachkundigen übersehen worden ist. Die Oeffentlichkeit muss mit der Möglichkeit rechnen; die die Wirklichkeit der Erkenntniss ist so zufälliger Natur und kann, sobald die Veröffentlichung erfolgt ist, so leicht tagtäglich nachfolgen, dass die Rechtsordnung gut daran thut, bei der Offenkundigkeit im obigen Sinne stehen zu bleiben und keine wirkliche Kenntnissnahme zu verlangen. (Patentrechtl. Forschungen S. 77 und die dort cit. Entsch. z. B. R.G. v. 17. 1. 1880, Patentbl. 1880, S. 53, sodann R.G. v. 9. 5. 1892, Patentbl. 1892, S. 427.)" Dieser Auffassung wäre zuzustimmen, wenn in der Rechtsordnung stände „öffentlich benutzt". Es steht aber da „offenkundig benutzt", also ist wirkliche Kenntniss des Publikums von dem Benutztsein der Erfindung verlangt.

Ob derjenige, der die Erfindung benutzt hat, selbst dabei die Absicht gehabt hat, die Thatsache offenkundig werden zu lassen, ist ebenso nebensächlich, wie die Frage, ob derjenige, der die Druckschrift hergestellt hat, Willens gewesen ist, sie zu veröffentlichen. Entscheidend ist nur im einen Falle, dass die Thatsache offenkundig, im andern Falle, dass die Druckschrift eine öffentliche ist. Selbst wenn in dieser Hinsicht für das offenkundige Benutztsein aus den Motiven des Gesetzentwurfes etwas Anderes herauszulesen wäre, so müsste es, damit der Zweck der Gesetzesbestimmung erreicht wird, unberücksichtigt bleiben, ebenso wie die Praxis die in den Motiven ent-

„Als Manuscript“ gedruckte Schriften.

haltene Angabe, dass Druckschriften, die mit dem Vermerke „als Manuscript gedruckt“ versehen sind, niemals als öffentliche anzusehen seien, einfach unberücksichtigt gelassen hat. Nicht auf die Absicht, Offenkundigkeit zu erzielen und nicht auf die Möglichkeit, dass sie erzielt werden kann, sondern nur darauf, ob und in wie weit Offenkundigkeit besteht, kommt es an, soweit es sich um das Benutztsein, nicht um die Druckschriften, handelt.

Eine Erklärung von Kohler.

Kohler sagt selbst zu seiner oben angeführten Erklärung (a. a. O. S. 196 u. 197):

„Hierbei ist allerdings eine gewisse Unnatur nicht zu vermeiden; denn in der That müssen danach eine Reihe von Erfindungen als offenkundig erklärt werden, die kein Sachverständiger gekannt hat, die sang- und klanglos von der Bildfläche verschwunden sind. Die Gleichstellung des Kennens und Kennenkönnens lässt ein solches Resultat nicht vermeiden; es ist dies einer der Fälle der Nichtübereinstimmung des formellen und materiellen Rechts, eine Nichtübereinstimmung zwischen Recht und Rechtsideal. Als Milderung muss hier wie immer der Satz gelten: Je mehr die Sachlage sich von dem materiellen Recht entfernt, desto peinlicher sind die Voraussetzungen des formellen Rechts zu beurtheilen, und der Widerspruch ist nur anzunehmen, wenn das Resultat bei genauester Prüfung des formellen Rechts unvermeidlich ist.“

Genaue Prüfung des Gesetzes.

Bei genauer Prüfung des Gesetzes — soweit es sich um das offenkundige Vorbenutztsein handelt —, ist aber das Resultat, dass kein Widerspruch zwischen dem formellen Rechte und der natürlichen Gerechtigkeit besteht, wenn anerkannt wird, dass das Wort „offenkundig“ hier die oben dargelegte Bedeutung hat und wenn auch das Wort „benutzt“ in Uebereinstimmung mit dem Sprachgebrauche ausgelegt wird, wovon weiter unten noch die Rede sein soll.

Man kann nach der jetzigen Fassung des Paragraphen 2 füglich nicht bezweifeln, dass die Worte „möglich erscheint" sich nur auf die Benutzung durch andere Sachverständige beziehen, dass es aber nicht genügt, wenn es auch blos „möglich erscheint", dass das Benutztsein der Erfindung offenkundig ist. Wenn auf Grund dieser Bestimmung ein Patent verweigert oder für nichtig erklärt werden soll, so muss vor Allem unzweifelhaft feststehen, dass das Benutztsein wirklich zur Zeit der Anmeldung bereits und noch offenkundig war.

VI. Das erforderliche Maass des Offenkundigseins.

Nur für den erforderlichen Grad der Offenkundigkeit ist der Nachsatz maassgebend. Der Grad kann in zwei Richtungen einer Abschätzung bedürfen. Erstens hinsichtlich des Umfanges der Kreise des Publikums, in denen das Wissen verbreitet war, zweitens hinsichtlich der Klarheit, Deutlichkeit und Vollständigkeit des Wissens.

Ueber den in der ersten Richtung dem Patentgesetze gemäss erforderlichen Grad des Offenkundigseins dürfte sich Folgendes sagen lassen: Solange nur Einer etwas weiss, ist es nicht offenkundig. Wissen es zwei oder mehrere, sind aber doch alle, die es wissen, noch sicher persönlich zu ermitteln, so kann nur dann und nur für die Zeit als erwiesen angesehen werden, dass es offenkundig ist, wenn und solange wenigstens einer von ihnen durch sein Verhalten deutlich zu erkennen giebt, dass er das Wissen Niemandem gegenüber geheim halten will und nach den ganzen Verhältnissen gesagt werden kann: Die Weiterverbreitung des Wissens im Publikum ist noch im Gange. In der Regel wird das nur als erwiesen gelten können, wenn wenigstens eine Person das Wissen wirklich schon anderen, die zu ihr nicht in besonderem Vertrauens-

Weiterverbreitung des Wissens.

verhältniss stehen, mitgetheilt hat. Wenn Jemand sich 1. die Kenntniss widerrechtlich verschafft hat, oder 2., wenn sie ihm unter Vorbehalt mitgetheilt worden ist, so dass er mit dem Gesetze oder guten Sitten in Konflikt gerathen würde, wenn er das Wissen weiter verbreitete, z. B. gedruckt veröffentlichte oder 3. wenn er erwiesenermaassen ein Geschäftsinteresse an der Geheimhaltung hat, so wird in der Regel angenommen werden können, dass das Wissen bei ihm nicht für Jeden zugänglich ist, selbst dann, wenn nachgewiesen ist, dass er sich nicht gescheut hat, es manchen Personen mitzutheilen. Die Weiterverbreitung des Wissens pflegt unter solchen Umständen doch nicht so frei und offen an Jedermann zu erfolgen wie sonst. Ob das Wissen bei den erwähnten anderen Personen für Jedermann zugänglich ist, wird eine Frage für sich bilden. Wenn das Wissen schon in so weite Kreise gedrungen ist, dass sich deren Grenzen nicht mehr sicher ermitteln lassen, so besteht unbedingte Offenkundigkeit und in diesem Falle kann sie wohl nur allmählich wieder erlöschen. Ist sie aber noch auf einen vollständig übersehbaren Personenkreis beschränkt, so muss sie als erloschen gelten, sobald und solange alle Mitglieder das Wissen geheim halten, also nicht wenigstens von einem feststeht, dass es zur Weiterverbreitung des Wissens an Jedermann fähig und rückhaltlos bereit ist, ohne damit gegen das Gesetz oder gute Sitten zu verstossen und ohne dafür etwa den Preis eines Geheimnisses zu verlangen. Daraus, dass der Mittheilende für seine persönliche Bemühung etwa eine angemessene Bezahlung verlangt, würde in der Regel nicht geschlossen werden dürfen, dass er ein Geheimniss verkauft, das der Empfänger vermuthlich auch wieder geheim halten würde, sondern dies wäre erst anzunehmen, wenn der Preis für die Bemühung allein viel zu hoch erschiene.

Wenn von zwei älteren Entscheidungen des Reichsgerichts (vom 17. 1. 1880 und vom 1. 2. 1881, No. 5 und No. 9) abgesehen wird, so ist aus den weiter unten mitgetheilten Auszügen vieler Entscheidungen zu ersehen, dass auch das Patentamt und das Reichsgericht die Voraussetzung des offenkundigen Benutztseins einer Erfindung gemäss § 2 des Patentgesetzes nur als erfüllt angesehen haben, wenn nicht blos einigen Personen die Thatsache bekannt, sondern auch wirklich irgend Jemand fähig und bereit gewesen ist, das Wissen von dem Benutztsein der Erfindung in weitere Kreise des Publikums zu tragen und er seine Bereitwilligkeit dazu schon durch die That erwiesen hatte.

Aus dem blossen Wortlaute der Bestimmung lässt sich nicht entnehmen, wie gross das Maass der Offenkundigkeit in der erwähnten ersten Richtung sein soll, denn es liesse sich denken, dass der Nachsatz nur für das Maass in der zweiten Richtung gelten soll. Aber hiergegen spricht zunächst ein historischer Grund: Nach dem vor Erlass des Reichsgesetzes in Deutschland geltend gewesenen Rechte, galt eine Erfindung auch dann nicht als neu, wenn sie einem Theile des Publikums bekannt war und nicht geheim gehalten wurde. Damit würde es nicht übereinstimmen, wenn im Sinne des § 2 des jetzigen Patentgesetzes etwa eine so ausgedehnte, unbedingte Offenkundigkeit verlangt werden würde, wie sie im Sinne der Civilprocessordnung für Thatsachen, damit sie eines weiteren Beweises nicht bedürfen, zu verlangen ist. Hiergegen spricht ferner der Umstand, dass eine druckschriftlich veröffentlichte Beschreibung schon die Neuheit zerstört, wenn der Inhalt dem inländischen Publikum überhaupt nicht bekannt geworden, sondern nur bei gehöriger Bemühung zugänglich ist. Danach muss auch für genügend angesehen werden, wenn die Offenkundigkeit des Benutztseins zur Zeit der Anmeldung bereits solche Ausdehnung gewonnen hat, dass das Wissen jedem Sachverständigen, der sich darum bemüht, vorbehaltlos so geboten wird, dass er die Erfindung danach benutzen kann. Dass gewisse Nachforschungen nach den Kreisen des Publikums, in denen das Wissen schon verbreitet ist, nöthig sind, wird also kein Grund sein, die Offenkundigkeit zu leugnen, ebensowenig wie daraus, dass eine Druckschrift in verhältnissmässig geringer Auflage veröffentlicht ist, geschlossen werden dürfte, es sei keine öffentliche Druckschrift im Sinne des Gesetzes.

Ergebniss der Enquête v. J. 1876.

Die Majorität der bei der erwähnten Enquête im Jahre 1876 vom Reichskanzleramte gehörten Sachverständigen erklärte sich dafür:

„dass eine Erfindung nicht als neu gelten kann, wenn sie im In- oder Auslande durch Druck oder offenkundigen Betrieb, oder anderweit so bekannt geworden ist, dass ihre Ausführung danach durch jeden Sachverständigen möglich ist.“

Die Fragen IIIa bis b des Reichskanzleramtes, auf die sich diese Antwort bezieht, lauteten:

III. Soll der Schutz ausgeschlossen werden:

a) wenn die Erfindung bereits im Deutschen Reiche durch den Druck oder durch offenkundigen Betrieb oder anderweit in dem Grade bekannt geworden ist, dass jeder Sachverständige dadurch in den Stand gesetzt ist, dieselbe zu benutzen?

b) oder schon dann, wenn nur im Auslande ein derartiges Bekanntwerden stattgefunden hat?

c) wenn die Erfindung im Geheimen bereits von einem Einzelnen gekannt, oder nicht nur gekannt, sondern auch von ihm wirklich benutzt worden ist?

Abweichungen vom Enquêtevotum.

Die Ersetzung der Worte „jeden“ und „jeder Sachverständige“ durch „andere Sachverständige“ dürfte wohl geschehen sein, um der Einrede vorzubeugen, dass die Voraussetzung der Bestimmung nicht mehr gegeben sei, sobald sich auch nur ein einziger „Sachverständiger“ findet, der beschwört, er könne die Erfindung nach den vorliegenden Daten nicht ausführen und nicht benutzen. Ebenso dürfte anzunehmen sein, dass die Ersetzung der Worte „möglich ist“ und „in den Stand gesetzt ist“ durch die Worte „möglich erscheint“ nur geschehen ist, damit nicht die prüfende Behörde durch derartige mehr auf den Buchstaben, als auf den Sinn der Bestimmung gegründete Einreden verhindert werden könne, nach freiem richterlichen Ermessen zu entscheiden, ob sie die gebotene Möglichkeit dem Geiste des Gesetzes gemäss für gross genug hält, um daraufhin das Patent zu verweigern, oder für nichtig zu erklären. Keinesfalls dürfte gemeint sein, dass dazu schon der allergeringste Anschein der entferntesten Möglichkeit für ausreichend angesehen werden müsse. Mit einer so geringen Möglichkeit würde man sich doch auch bei der Beurtheilung der Beschreibung die der Anmelder nach § 20 einzureichen hat, nicht begnügen. Ebensogut wie die Anmeldung nach § 22 zurückzuweisen sein wird, wenn die nach § 20 erforderliche Beschreibung, nicht so klar ist, dass jeder Durchschnittssachverständige danach die Erfindung benutzen kann, ebensowenig wird die Anmeldung zurückzuweisen sein, wenn die nach § 2 entgegenzuhaltende Offenkundigkeit nicht auch in diesem Maasse klar ist. Es ist doch kein blosser Zufall, dass der Gesetzgeber in den §§ 2 und 20 genau dieselben Worte gewählt hat. In der oben erwähnten zweiten Richtung, hinsichtlich der Klarheit und Deutlichkeit des Wissens muss also der Grad der Offenkundigkeit dem Grade an Klarheit und Vollständigkeit gleichen, der mindestens von einer vom Patentamte über dieselbe Erfindung zu veröffentlichenden Patentschrift zu erwarten sein würde. Dass damit nicht gesagt sein soll, es müsse diese klare Offenkundigkeit gerade durch Schriftstücke herbeigeführt sein, die in Form und Fassung den amtlichen Patentbeschreibungen ähnlich sind, ist selbstverständlich.

Klarheit und Vollständigkeit des Wissens.

Ebensowenig wie in den bisher angeführten, findet sich in den vielen sonstigen Aeusserungen der Sachverständigen, des Publikums, der Mitglieder der gesetzgebenden Körperschaften und der Regierung vor dem Erlasse des Gesetzes vom Jahre 1877 auch nur die leiseste Andeutung des Wunsches, dass gerade nur eine unmittelbar

Unmittelbar kundbarmachendes Benutzen.

kundbarmachende Art und Weise des Benutzens der Erfindung oder gar nur des erfundenen Produktes als Kriterium aufgestellt, aber bei dem Benutztsein ein Bekanntsein nicht gefordert werden solle. Aeusserungen, dass nichts patentirt werden soll, was schon auf irgend eine Weise bekannt geworden ist und nicht von Allen, die es wissen, geheim gehalten wird, fanden keinen Widerspruch.

Lasker's Meinung.

Der Abgeordnete Dr. Lasker äusserte in der 34. Sitzung des Reichstages 1877 (S. 923):

> „Wenn nun eine Erfindung so bekannt ist, dass sie auch ohne Schutz Gemeingut der Nation werden kann, so ist es nicht unsere Sache, eine künstliche gesetzliche Schranke aufzuführen, um dieses Gemeingut unzugänglich zu machen."

Dem gegenüber kann es nicht ins Gewicht fallen, dass in den Motiven, Seite 18, Zeile 11, von einer „durch offenkundige Benutzung bewirkten Veröffentlichung" die Rede ist. Freilich hätte es dem Wortlaute und dem Geiste des Gesetzes besser entsprochen, wenn in den Motiven das Wort Veröffentlichung nur in Bezug auf die Druckschriften, im Uebrigen aber die Ausdrücke Offenkundigkeit oder offenkundiges Benutztsein gebraucht worden wären. Schliesslich ist aber auch in den Motiven nicht gesagt, dass die Veröffentlichung unmittelbar durch die Benutzung bewirkt sein solle und ein mittelbarer Kausalzusammenhang wird bei der Offenkundigkeit des Benutztseins stets vorliegen.

VII. Die Frage, ob die Bestimmung im Absatz 1 des § 2 als „erschöpfend" gelten soll.

Da im Vorstehenden Gewicht darauf gelegt worden ist, dass in den Vorschlägen der Vereine und der Sachverständigen die Worte „oder anderweitig bekannt" enthalten waren, so ist zu überlegen, ob aus dem Fehlen dieser Worte im Gesetze der Schluss gezogen werden darf oder muss, dass Alles, was nicht so wie im § 2 angegeben, veröffentlicht oder bekannt ist, nicht neuheitszerstörend wirken soll, mit anderen Worten, ob die im Absatz 1 des § 2 enthaltene Bestimmung als „erschöpfend" anzusehen ist.

Motive des Gesetzes.

In den Motiven der Gesetzesvorlage vom Jahre 1877 heisst es:

> „§ 2. Unter welchen Voraussetzungen in dem von einem Patentsucher angemeldeten Gegenstande oder Verfahren thatsächlich etwas Neues zu erblicken ist, lässt sich durch Gesetz nicht bestimmen. Die das Patentgesuch prüfende Behörde hat dies nach den Umständen des einzelnen Falles zu beurtheilen. Der Entwurf spricht indess in wesentlicher Uebereinstimmung mit dem in Deutschland geltenden Rechte den Charakter der Neuheit denjenigen Erfindungen ab, welche zur Zeit der Anmeldung entweder in öffentlichen Druckschriften bereits derart beschrieben, oder im Inlande bereits so offenkundig benutzt sind, dass danach die Benutzung durch andere Sachverständige möglich erscheint."

Bei der in den beiden ersten Sätzen dieser Stelle der Motive enthaltenen Erklärung hätte es für Unbefangene überflüssig erscheinen können, wenn die Worte „oder anderweitig so bekannt geworden ist" in den § 2 des Gesetzes aufgenommen worden wären.

Selbstverständlich wird nach der jetzigen Fassung des Paragraphen Niemand glauben dürfen, dass ein Patent etwa deshalb versagt werden dürfe, weil es im Auslande genügend offenkundig ist, dass die Erfindung benutzt ist, oder deshalb, weil sie genügend in einer über hundert Jahre alten Druckschrift beschrieben ist; aber daraus, dass der Paragraph klar und deutlich in diesen und einigen anderen Richtungen gewisse Schranken zieht, konnte und kann doch nicht gefolgert werden, dass in ihm auch in jeder anderen Richtung für neuheitszerstörende Umstände die äussersten Grenzen angegeben sein sollen.

Der Reichstag und seine Kommission hatten keine Veranlassung, die Bestimmung so aufzufassen, denn in der Gesetzesvorlage lautete der erste Absatz desselben Paragraphen:

Der ursprüngliche 1. Absatz des § 2.

„Eine Erfindung liegt nicht vor, wenn der Eintritt des beabsichtigten Erfolges nach den Gesetzen der Natur als unmöglich anzusehen ist."

Das sollte doch sicherlich keine erschöpfende Angabe dafür sein, unter welchen Umständen eine Erfindung nicht vorliegt, sondern es sollte nur ein besonderer Fall hervorgehoben werden. Ebenso gut hätte statt dessen ein anderer Fall etwa mit den Worten erwähnt werden können, „wenn nur ein neues Problem gefunden ist, ohne die Mittel, es zu lösen". Dass Erfindungsschutz auf ein blosses Problem vom Patentamte verlangt wird, ist bekanntlich nichts Seltenes. Dass die Lösung nach den Gesetzen der Natur unmöglich sei, kann man in solchen Fällen meist nicht sagen. Aber eine Erfindung liegt nicht vor. Ebenso fehlt es an einer solchen in der Regel, wenn nur Formänderungen oder Aenderungen eines Verfahrens angegeben sind, mit denen keinerlei Vortheil für die Befriedigung irgend welcher Bedürfnisse der Menschheit erreicht wird. Mit Anmeldungen solcher Art, denen keine Erfindung zu Grunde liegt, wird oftmals die Umgehung bestehender Patente versucht.

Da es nun geradezu unmöglich ist, dass mit dem Anfange des 1. Absatzes: „Eine Erfindung liegt nicht vor" gemeint war: „liegt nur dann nicht vor", so wird man doch ohne zwingende Gründe nicht anzunehmen brauchen, dass der Anfang des 2. Absatzes: „Eine Erfindung gilt nicht als neu" unbedingt heissen müsse: „gilt nur dann als nicht neu".

Mit Rücksicht auf die erwähnte Stelle der Motive und Angesichts der erwähnten Aeusserungen der Enquêtesachverständigen und der beiden Vereine kann man es für ebenso wahrscheinlich, wenn nicht wahrscheinlicher halten, dass der Absatz so gemeint war, als wenn sein Anfang lautete: „Eine Erfindung gilt insbesondere dann als nicht neu u. s. w." und als wenn sein Schluss lautete: „Unter welchen Voraussetzungen auch sonst noch eine Erfindung als nicht neu anzusehen sein wird, bleibt dem Ermessen der prüfenden Behörde überlassen".

Es ist beachtenswerth, dass auch in der oben angeführten Bestimmung der Uebereinkunft vom 21. September 1842, mit welcher nach dem Hinweise in den Motiven doch die Bestimmung des Patentgesetzes wesentlich übereinstimmen soll, steht: „insbesondere bleibt dieselbe ausgeschlossen u. s. w." **Uebereinkunft v. J. 1842.**

In einer Entscheidung vom 24. November 1881 (Patentblatt 1882, No. 11 S. 41—46, Gareis Bd. III S. 84 ff.) hat das Patentamt zum ersten Male erklärt, dass es die Bestimmung des § 2 als erschöpfend gemeint auffasse. Es legt den oben erwähnten Satz der Motive, dass sich nicht durch Gesetz bestimmen lasse, unter welchen Voraussetzungen in dem angemeldeten Gegenstande oder Verfahren etwas Neues zu erblicken sei, einfach dahin aus, dass damit nur gemeint sei, unter welchen Umständen eine Erfindung materiell gegenüber ähnlichen bereits vorliegenden Einrichtungen noch als neu zu gelten habe, **Erste Entscheidung des P.A. in der Frage.**

lasse sich nicht durch Gesetz bestimmen. Das Bekanntsein dieser anderen Einrichtungen sei dabei vorausgesetzt.

Selbst wenn diese Auslegung der Motive richtig sein sollte, so könnte das doch nicht als ein Beweis dafür gelten, dass im § 2 die Voraussetzungen, unter denen jene zum Vergleiche herangezogenen anderen Einrichtungen als bekannt anzusehen sein sollen, erschöpfend angeführt sind.

Dafür, dass die Bestimmung aber als erschöpfend angesehen werden müsse, wird in den Gründen der genannten Entscheidung angeführt: „Anderenfalls würde man sich mit dem Patentgesetze selbst und seiner Entstehungsgeschichte in Widerspruch setzen, da das Gesetz in dem § 2 über die — angeblich nicht zu fixirende — Neuheit im formellen Sinne ganz bestimmte und bei allen Berathungen sorgfältig erwogene Vorschriften giebt. Dem entsprechend sagen denn auch die Motive im weiteren Verlaufe: „Dagegen soll auch die vorgängige Benutzung der Erfindung deren Neuheit nur dann ausschliessen, wenn sie offenkundig und im Inlande erfolgt ist, also nicht, wenn sie geheim gehalten wurde, oder im Auslande stattfand.““

Hierzu ist zu bemerken, dass dieser Satz in den Motiven nur zur näheren Erklärung dės einen der beiden im § 2 angeführten Umstände dient, deshalb nicht umgekehrt und nicht verallgemeinert werden darf. (Vergl. hierzu Dr. Alexander-Katz, Patentblatt 1881, No. 12 S. 83, rechte Spalte.)

Dass man sich mit dem Patentgesetze in Widerspruch setzen würde, ist nicht erwiesen, sondern dass ist gerade die Behauptung, von der fraglich ist, ob sie bewiesen werden kann und durch den Hinweis auf die Entstehungsgeschichte gelingt der Beweis auch nicht, weil bei jeder der vielen sorgfältigen Berathungen über die Vorschriften in der Entstehungszeit, ehe das Gesetz dem Reichstage vorgelegt worden ist, stets einhellig auch die Vorschrift „oder anderweitig bekannt“ gutgeheissen worden ist, namentlich auch in den Enquêteverhandlungen. Dies scheint bei der Entscheidung übersehen worden zu sein. Dieselbe stützt sich auf einen Aufsatz von André (Patentblatt 1878, No. 49 S. 267 ff.), in dem gesagt ist, die Ausführlichkeit des Streites in den Vorarbeiten zeige deutlich, und aus der Motivirung, die der Verein deutscher Ingenieure seinem oben erwähnten Entwurfe des § 2 beigefügt hat, gehe ohnehin klar hervor, dass in diesem Paragraphen erschöpfend und nach beiden Seiten, positiv und negativ, festgestellt sein sollte, was als neu und was als nicht neu zu gelten habe. — Die auch in dem Entwurfe des Ingenieurvereines stehenden Worte „oder anderweitig bekannt" erschöpfen freilich in gewissem Sinne und zwar recht bequem Alles, aber eine positive Feststellung über die Art und Weise des Bekanntwerdens enthalten sie doch nicht. Da diese Worte nun im Gesetze fehlen, kann man sich füglich nicht auf die Vorarbeiten berufen, wenn man behaupten will, die Bestimmung sei noch erschöpfend. Es bleibt vielmehr nach Allem auch möglich, dass der Gesetzgeber sie nicht erschöpfend gemeint hat. Nach allen vorliegenden Berichten scheint eine Verständigung über diesen wichtigen Punkt unter den gesetzgebenden Faktoren weder zu Stande gekommen zu sein noch auch nur angebahnt worden zu sein. Dass auch bei den Enquêteverhandlungen die Worte „oder anderweitig bekannt" angenommen worden waren, ist wichtig, weil in den Motiven der Gesetzesvorlage wiederholt die Uebereinstimmung des Gesetzes mit jenen betont worden ist. Z. B. auf S. 15: „Hiernach haben die verbündeten Regierungen keinen Anstand genommen, das Ergebniss der Verhandlungen dem zu erlassenden Gesetze über die Erfindungspatente zu Grunde zu legen". Wo Abweichungen vorhanden sind, finden sie sich auch in den Motiven stets sorgfältig begründet. Dass an dieser Stelle eine Abweichung beabsichtigt sei, ist aber mit keinem Worte erwähnt.

André's Meinung.

Wer die Reichstagsverhandlungen vom Jahre 1877 über den § 2 liest, ohne in dieser Frage voreingenommen

Reichstagsverhandlungen v. J. 1877.

zu sein, wird den Eindruck gewinnen, dass man im Eifer des Streites über den dritten Absatz versäumt hat, sich über den hier in Rede stehenden Punkt zu verständigen. Viele von den Sachverständigen werden vielleicht für selbstverständlich gehalten haben, die Bestimmung sei nicht erschöpfend gemeint. Andere mögen das Gegentheil geglaubt, oder gar nicht über die Frage nachgedacht haben.

Praxis des P. A. und des R. G.

Das Patentamt und das Reichsgericht lassen in konstanter Paxis nur solche Fälle als neuheitszerstörend gelten, in denen die in dem § 2 angeführten Voraussetzungen zutreffen. Das Reichsgericht hat sich vielleicht zu diesem Verfahren nur wegen der im Gesetze bestehenden Unklarheit — im Zweifel — entschieden*), um sicher ein Patent nur dann für nichtig zu erklären, wenn es nach dem Wortlaut des Gesetzes zweifellos nöthig ist — auf die Gefahr hin, in anderen Fällen in Folge der Unklarheit der Bestimmung ein vielleicht nach dem Zwecke und Sinne des Patentgesetzes nicht existenzberechtigtes Patent bestehen zu lassen.

Die Beantwortung der mit Rücksicht auf diese Praxis nun durchaus nicht gegenstandslosen Frage nach der Bedeutung des Wortes „benutzt" hängt aber gerade, wie später noch erörtert werden soll, davon ab, ob sicher feststeht, dass der Gesetzgeber die Bestimmung erschöpfend gemeint hat, oder ob auch mit der Möglichkeit gerechnet werden kann, dass er das nicht gemeint, sich nur unklar ausgedrückt und dadurch die Veranlassung zu der jetzigen Praxis gegeben hat.

Gesetzesnovelle v. J. 1891.

Die Sachlage hat sich inzwischen etwas geändert, denn wenn auch der ursprüngliche Wortlaut des § 2 in Folge der Gesetzesnovelle vom 7. April 1891 nur die erwähnte Aenderung erlitten hat, so könnte doch die Frage viel-

*) Auch in der weiter unten unter No. 37 angeführten Entscheidung des Patentamtes vom 29. 5. 79 heisst es „Indessen erschien es — — — — — nicht erforderlich, auf die in dieser Beziehung bestehenden erheblichen Zweifel einzugehen".

leicht jetzt weniger nach den Motiven des ursprünglichen Gesetzes vom Jahre 1877, als danach zu beurtheilen sein, wie in der Zeit von 1877 bis 1891 die Praxis sich zu der Frage verhalten hat. Als im Jahre 1890 der Entwurf zu der Gesetzesnovelle im Reichsanzeiger (No. 68, 17. März, 1. Beilage) veröffentlicht worden war, äusserte sich z. B. der Geh. Bergrath Dr. Wedding, Mitglied des Patentamtes, dazu in der Zeitschrift des Vereines deutscher Ingenieure (No. 13, 29. März, S. 299) folgendermaassen: „§ 2 des alten Gesetzes ist unverändert aufgenommen; wohl mit Recht, denn die Zweifel, welche über die Auslegung im Anfange des Bestehens der Patentgesetzgebung auftauchten, z. B. hinsichtlich der maassgebenden Zeit einer ausländischen Veröffentlichung, sind längst in einer dem Gewerbestande bekannten feststehenden Weise durch den Gebrauch des Patentamtes gelöst."

Eine Aeusserung Wedding's.

Zu diesen Zweifeln über die Auslegung des § 2 gehörte aber vor Allem derjenige, ob darin über die Fälle des Neuheitsmangels nur Angaben in gewissen Richtungen gemacht, oder ob diese Fälle in jeder Richtung erschöpfend angegeben sein sollten. Unmittelbar nach Erlass des ersten Patentgesetzes des Deutschen Reiches ist darüber der Streit unter den Schriftstellern entbrannt.

Es kann deshalb entweder angenommen werden, der Gesetzgeber habe im Jahre 1891, da die oben erwähnte Praxis des Patentamtes und des Reichsgerichtes hinsichtlich des § 2 genügend bekannt war, dadurch, dass er den Anfang der Bestimmung unverändert beibehielt, die Praxis sanktionirt, oder es kann für fraglich gehalten werden, ob er daran gedacht hat*).

*) Die Ansicht, dass die Bestimmung nicht erschöpfend gemeint sei, haben u. A. vertreten: Dr. Alexander-Katz, Landgraf, Gareis, Rosenthal, Dernburg, G. Meyer (Verwaltungsrecht, Bd. I, S. 448), Laband (Staatsrecht, 3. Aufl., Bd. II, S. 215) und Dr. Stephan (Abtheilungsvorsitzender im Patentamt), Patentgesetz, 5. Auflage, Berlin 1900, J. Guttentag's Verlag, S. 10.

VIII. Neuheit und Eigenartigkeit.

Schanze's Theorie.

Schanze[15]) stellt in wohl durchdachter Weise zwischen der „Eigenartigkeit“ und der „Neuheit“ einer Erfindung einen Unterschied auf, der sich theoretisch recht gut aufrecht erhalten lässt.

Er nennt „Neuheit“ das Nichtbekanntsein derjenigen durch ihren Ursprung nach Person des Erfinders und Zeit und Ort des Erfindens konkretisirten Erfindung, welche den Gegenstand der Patentanmeldung bildet und er hebt hervor, dass die „Neuheit“ dieser Erfindung nicht dadurch in Frage gestellt werden könne, dass eine andere Erfindung, die objektiv, als abstraktes Denkgebilde, zwar völlig gleichen Inhalt mit der ersten hat, aber nicht auf einen Denkakt des Urhebers der ersten zurückzuführen ist, zur Zeit der Anmeldung schon veröffentlicht oder bekannt sei.

„Eigenartigkeit“ nennt Schanze die abweichende Qualität, die die angemeldete, durch ihren Ursprung konkretisirte Erfindung gegenüber anderen bekannten Dingen besitzt. Hat die angemeldete also mit der vorerwähnten anderen Erfindung völlig gleichen Inhalt, so fehlt es ihr ganz und gar an „Eigenartigkeit“. Dagegen wird ihr die „Neuheit“ nur fehlen, wenn sie selbst im Sinne des § 2 des P.G. veröffentlicht oder offenkundig benutzt ist.

Schanze ist nun der Ansicht, der 1. Absatz des § 2 müsse so aufgefasst werden, als wenn sein Anfang lautete: „Die angemeldete, durch ihren Ursprung konkretisirte Erfindung gilt nur dann nicht als „neu“, wenn sie selbst

[15]) Schanze, Das Recht der Erfindungen, Leipzig 1899, S. 11 u. S. 345 ff.

u. s. w." und als wenn am Schlusse des Absatzes stände „Ob dagegen die angemeldete, durch ihren Ursprung konkretisirte Schöpfung gegenüber anderen bekannten Erfindungen, Schöpfungen und Dingen genügende „Eigenartigkeit" besitzt, um als Erfindung gelten zu können, hat das Patentamt nach den Umständen des einzelnen Falles zu beurtheilen."

Dass der Gesetzgeber im Jahre 1877 oder im Jahre 1891 die Bestimmung so gemeint habe, lässt sich nicht nachweisen, und wenn es sich nachweisen liesse, so würde wohl auch wesentlich Alles beim Alten bleiben, weil das Patentamt auch dann noch seine jetzige Praxis beibehalten, nämlich die „anderen Schöpfungen und Dinge" nur dann als veröffentlicht oder erwiesenermaassen bekannt ansehen könnte, wenn sie in gleicher Weise veröffentlicht oder offenkundig benutzt sind, wie es nach der bestehenden Fassung des § 2 für eine „Erfindung" verlangt ist.

Für ein zukünftiges Gesetz.

Es könnte vielleicht — zwar nicht nach dem bestehenden, aber etwa für ein zukünftiges Gesetz — das Verlangen Schanze's Berücksichtigung verdienen, dass die anderen Schöpfungen und Dinge, mit denen die angemeldete Erfindung und ihr „Gegenstand" bei der Prüfung auf „Eigenartigkeit" verglichen werden sollen, auch wirklich zur Zeit der Anmeldung dem Publikum bekannt gewesen sein müssen, dass also die blosse Veröffentlichung, die Niemand im Inlande gelesen hat, nicht genügen soll.

Dann wäre es aber gewiss ebenso berechtigt, zu verlangen, dass dasjenige, was Schanze die „Neuheit" der Erfindung nennt, nur als zerstört gilt, wenn die angemeldete Erfindung wirklich bekannt geworden ist, so dass auch dann wieder das Patentamt nicht nöthig hätte zu prüfen, ob die „anderen Schöpfungen und Dinge" nicht etwa von demselben Urheber stammen wie die angemeldete Erfindung und auch dann in Erörterungen über die Identität des Erfinders, wie jetzt, nur in manchen Fällen eines auf § 3 Abs. 2 gestützten Einspruches oder Nichtigkeitsantrages einzutreten brauchte. Dass der Gesetzgeber eine solche Unterscheidung der in Vergleichung zu ziehenden Erfindungen, Schöpfungen und Dinge nach dem Ursprunge und nach der Person des Urhebers nicht im Sinne gehabt haben kann, ist schon daraus zu schliessen, dass er doch — lediglich damit diese schwierige Feststellung der Person des Erfinders dem Patentamte erspart bleibe — wohlweislich im § 3 Abs. 1 bestimmt hat, der erste Anmelder solle Anspruch auf die Patentertheilung haben*). Wenn der von Schanze hervorgehobene Unterschied auch theoretisch klar ist, so kann er doch bei der jetzigen Praxis mit Recht und ohne Nachtheil ausser Acht gelassen werden. Schanze verlangt ferner, dass es zulässig sein soll, bei der Prüfung auf „Eigenartigkeit" der angemeldeten Erfindung, alle in unserer Kulturwelt irgendwie bekannt gewordenen Ideen, auch wenn sie nicht in Druckschriften veröffentlicht und nicht benutzt sind, entgegenzuhalten. Dieses Verlangen dürfte besonders der Einsicht entsprungen sein, dass zu viele „Schöpfungen", die durchaus nicht eigenartig und durchaus keine neuen Erfindungen sind, patentirt werden müssten, wenn man, bei der Annahme, dass für „Eigenartigkeit" **und** „Neuheit" § 2 erschöpfend gemeint sei, die Worte „offenkundig benutzt" so auslegen wollte, wie Schanze es thut. Diese Schwierigkeit wird nicht mehr in demselben Maasse bestehen, wenn man annimmt, dass die Worte die hier dargelegte Bedeutung haben. Aber, abgesehen davon, wäre es nur dann gerechtfertigt, alle in unserer Kulturwelt bekannten Dinge und Ideen zum Beweise dafür, dass eine Erfindung nicht neu sei, zu benutzen, wenn auch das Patent für das ganze Gebiet unserer Kulturwelt ertheilt würde. Da es nur für das Deutsche Reich ertheilt wird, so sollte

*) Die Motive des Gesetzentwurfes vom Jahre 1877, S. 18 u. 19, und der Kommissionsbericht, Session 1877, Drucksache No. 144, S. 12 u. 13 sprechen sich über diesen Punkt ausserordentlich klar aus.

doch wohl auch nur das, was im Reiche dem Publikum bekannt oder zugänglich ist, als neuheitszerstörend entgegengehalten werden dürfen, etwa mit der im bestehenden Gesetze vorgesehenen Erweiterung, hinsichtlich der öffentlichen Druckschriften. Allenfalls wäre es zu rechtfertigen, wenn nach einem zukünftigen Gesetze auch alles das zur Vergleichung mit der Erfindung und ihrem Gegenstande herangezogen würde, was dem Publikum in denjenigen Staaten bekannt ist, mit denen das Deutsche Reich vereinbart hat, dass der Tag der hiesigen Anmeldung auch für eine innerhalb gewisser Frist dort folgende Anmeldung als ein Zeitpunkt gelten soll, nach dem eine neuheitszerstörende Vorwegnahme nicht mehr stattfinden kann. Voraussetzung wäre, dass die Vertragsstaaten bei der Neuheitsprüfung auch Offenkundigkeit im deutschen Reiche berücksichtigen.

In den Berichten über die Enquête-, Reichstags- und Kommissionsberathungen finden sich viele Bemerkungen, nach denen zu vermuthen ist, dass mit der Bezeichnung „eine Erfindung" im § 2 nicht blos die angemeldete, nach ihrem Ursprung konkretisirte, sondern irgend eine abstrakte Erfindung gemeint ist. Selbst der nach § 3 Abs. 2 zum Einspruch berechtigte „Andere" braucht nicht nachzuweisen, dass er der wahre Urheber der angemeldeten Erfindung ist, sondern nur, dass sie ihm entwendet worden ist. Von dem wahren Erfinder ist im ganzen Patentgesetze keine Rede. Wenn es darin auch nicht die Bestimmung giebt: „Das Forschen nach der Urheberschaft ist untersagt", so kann doch angenommen werden, dass nur im Einspruchs- oder im Nichtigkeitsverfahren den Parteien zu gestatten ist, einen Beweis in dieser Richtung anzutreten, und nur, wenn sie damit bezwecken, indirekt die Behauptung der widerrechtlichen Entnahme mehr oder weniger wahrscheinlich zu machen. Die Entnahme kann auch widerrechtlich sein, wenn der „Andere" nicht der Erfinder, sondern nur ein Besitzer der Erfindung ist. Es kann aus diesen Gründen nicht der

Auffassung Schanze's[16]) zugestimmt werden, dass „schon deshalb, weil sonst der Einwand der widerrechtlichen Entnahme jedes bestimmten Angriffspunktes entbehre, nicht der abstrakte Erfindungsinhalt, sondern die durch ihre Entstehung konkretisirte Erfindung als Gegenstand der Patentertheilung angesehen werden müsse.

„Erfindung“ — „Gegenstand der Erfindung“ — „Erzeugniss“.

Bei der Fassung des § 2 dürfte der Gesetzgeber wohl von der Vorstellung ausgegangen sein, dass bei der Prüfung auf Neuheit die angemeldete Erfindung nicht direkt mit bekannten körperlichen Dingen zu vergleichen ist, sondern mit den veröffentlichten oder offenkundig benutzten Ideen, körperliche Dinge auf dem Gebiete menschlichen Schaffens und Wirkens zu benutzen und dass eine jede dieser Ideen nur so weit in Betracht zu kommen braucht, als sie eine — wenn auch vielleicht altersgraue und längst bekannte — abstrakte Erfindung im objektiven Sinne ist, also gewissermaassen als ein Schöpfungsplan angesehen werden kann, während Alles, was nach diesem Plane zu schaffen ist, den Begriff des „Gegenstandes der Erfindung“ ausmacht. Dies ist also ein Sammelbegriff, der mannigfaltige Erzeugnisse oder Ausführungsweisen umschliesst, von denen jedes oder jede in ihrer Art der Erfindung entspricht. Wenn auch die Erfindung schwerlich beschrieben werden kann, ohne dass zugleich der „Gegenstand“ dargestellt wird und umgekehrt, so lassen sich doch beide Begriffe auseinanderhalten und im deutschen Patentgesetze sind sie streng unterschieden.

---

[16]) Das Recht der Erfindungen, S. 348, Zeile 16—18. Jedoch ist Schanze durchaus nicht darüber im Zweifel, dass auch der Entdecker einer Erfindung, wenn er sie anmeldet, Anspruch auf Patentertheilung hat, wenn der Erfinder nicht sein Recht wahrnimmt (S. 330). Eine technische Maassnahme, die langsam im Laufe der Zeit durch das Zusammenwirken Vieler gezeitigt ist, will Schanze niemals als Erfindung gelten lassen (S. 328). Dieser Ansicht dürfte nicht zuzustimmen sein.

Ob diese Vorstellung im Uebrigen theoretisch anfechtbar ist, darauf kommt es hier nicht an. (Vergl. die letzten beiden Sätze der Note 16.)

Wenn die Bestimmung im § 2 erschöpfend gemeint gewesen wäre, so hätte der Gesetzgeber das vieldeutige Wort „neu“ überhaupt vermeiden und ohne Störung des Sinnes den 1. Absatz des § 2 mit dem § 1 zu folgender Fassung zusammenziehen können:

Vermeidung des Wortes „neu“.

„Patentirt werden gewerblich verwerthbare Erfindungen, und zwar in dem Umfange, in dem sie von jedweder Erfindung abweichen, die zur Zeit der auf Grund dieses Gesetzes erfolgten Anmeldung in öffentlichen Druckschriften u. s. w. u. s. w.“

Denn was im letzten Satze des § 3 Abs. 1 über das theilweise Zutreffen einer Voraussetzung gesagt ist, kann selbstverständlich auch für die im § 2 Abs. 1 enthaltenen Voraussetzungen gelten.

Soweit die angemeldete Erfindung von den näher bezeichneten abweicht, kann sie auch nicht durch deren Veröffentlichung oder offenkundiges Benutztsein den „anderen Sachverständigen“ zugänglich gemacht sein. Von „Neuheit“ hätte also nicht besonders die Rede zu sein brauchen.

Die Frage, ob eine Erfindung vorliegt.

Bei der Entscheidung, ob in der von der veröffentlichten oder bekannten abweichenden Idee überhaupt eine Erfindung vorliegt, wird man stets der Erfahrungsthatsache eingedenk bleiben müssen, dass Erfindungen von der grössten Tragweite häufig in sehr unscheinbaren Veränderungen der früher bekannt gewesenen oder veröffentlichten Ideen und Regeln für die Herstellung von Vorrichtungen u. dergl. bestanden haben. Und patentirt sollen auch Erfindungen von höchst geringer Tragweite werden. Es genügt, wenn nur überhaupt noch eine Spur von einer Tragweite zu erkennen ist. Aber die geplante Veränderung muss, so unscheinbar sie auch sein mag, doch klar zum Ausdrucke gebracht werden, ehe geprüft werden kann, ob eine Erfindung vorliegt. Es wird z. B. festzustellen sein, ob nur die Kombination gewisser Ideen oder nur die Permutation der sonst anders gruppirt gewesenen Ideen, oder nur der vorgestellte Zweck, nicht die geplanten Mittel als das Wesentliche und Neue gelten sollen. Dass aus der unendlichen Mannigfaltigkeit der möglichen Veränderungen bekannter Ideen jede beliebige so noch nicht dagewesene als Erfindung anerkannt und patentirt werden müsse, wäre ein absurdes Verlangen.

Eine Darlegung der Gesichtspunkte, nach denen hier nun zu urtheilen ist, würde den Rahmen der vorliegenden Abhandlung überschreiten. Im Allgemeinen kann etwa gesagt werden, dass eine Erfindung anzuerkennen ist, wenn die Abweichung oder Veränderung eine grössere oder eine anders geartete Verwerthbarkeit zur Befriedigung irgend welcher Bedürfnisse der Menschheit mit sich bringt, als sonst schon vorhanden gewesen ist, oder wenn durch die Abweichung die bis dahin vorhanden gewesenen Mittel zu der Befriedigung vermehrt worden sind. Jedoch soll hiermit keine erschöpfende Angabe aller wesentlichen Merkmale einer Erfindung — keine Definition — gegeben sein.

IX. Vernehmung von Zeugen über das Offenkundigsein.

Wenn im Einspruchs- oder im Nichtigkeitsverfahren über die Behauptung des offenkundigen Vorbenutztseins Beweis zu erheben ist, so dürfte es sich nach Obigem nicht empfehlen, die Zeugen zu fragen, ob die Benutzung zu irgend welcher Zeit vor der Anmeldung offenkundig geschehen ist und aus welchen dabei zu Tage getretenen Umständen sie folgern, dass es keine geheime, sondern eine offenkundige Benutzung war. Statt dessen dürften erstens Fragen darüber zu empfehlen sein, was die Zeugen zur Zeit der Anmeldung bereits von dem Benutztsein der Erfindung gewusst haben, zweitens Fragen darüber, welche Umstände sie für die Richtigkeit der Behauptung anführen können, es habe bereits und noch zur Zeit der Anmeldung derartiges Wissen von dem Benutztsein in dem von ihnen genau zu beschreibenden Kreise des Publikums bestanden, dass danach die Benutzung durch andere Sachverständige möglich gewesen sei.

Wissen über das Benutztsein.

Wissen von der Weiterverbreitung.

Zu den Fragen der zweiten Gruppe dürfte auch die gehören, ob die Zeugen und die anderen Wissenden dasjenige, was sie über das Benutztsein der Erfindung gewusst haben, geheim gehalten, oder wann und wie sie es anderen mitgetheilt haben und mitzutheilen bereit waren, z. B. ob die Zeugen sich und die anderen Wissenden bereits zur Zeit der Anmeldung für gesetzlich und moralisch berechtigt gehalten haben, ohne Weiteres eine vollständige Beschreibung der Erfindung gedruckt zu veröffentlichen.

Erhebungen über den Benutzungsvorgang.

Erhebungen über den Vorgang des Benutzens selbst und über die Umstände, unter denen er stattgefunden hat, erscheinen nach Obigem nur insofern von Werth, als sie darauf abzielen, klarzustellen, was das Publikum über den Zustand des Benutztseins gewusst haben kann. Wenn sich bei solchen Erhebungen aber auch herausstellt, dass Niemand den Vorgang gesehen oder sonstwie direkt wahrgenommen hat, so wäre es doch falsch, daraus zu schliessen, es könne auch Niemand genug von dem Benutztsein gewusst haben, um danach die Erfindung benutzen zu können. Giebt es doch in der Natur und in der Technik Vorgänge, für deren direkte Wahrnehmung es dem Menschen überhaupt an den nöthigen Sinnesorganen fehlt (Elektricität u. s. w.). Hat das Publikum indirekt erkannt, dass bestimmte Vorgänge stattgefunden haben, hat es also das Wesen der Vorgänge verstanden, so darf deren Offenkundigkeit ebensowenig geleugnet werden, als wenn das Publikum sie in Folge direkter Wahrnehmung begriffen hat. Und ebenso falsch wäre es andererseits, einen Beweis dafür, dass zur Zeit der Anmeldung die Möglichkeit, die Erfindung zu benutzen, für Sachverständige gegeben war, schon in dem blossen Umstande zu erblicken, dass Personen aus dem Publikum den Vorgang des Benutzens zu derselben Zeit oder früher gesehen haben.

X. Die Auslegung des Wortes offenkundig in der Praxis.

Auszüge aus 43 Entscheidungen des P.A. u. des R.G.

Darüber wie das Wort offenkundig bei Anwendung des Paragraphen 2 bisher in verschiedenen Fällen vom Patentamte und vom Reichsgerichte ausgelegt worden ist, können die folgenden Auszüge aus Entscheidungsgründen ein Bild geben. (Vergl. hierzu Seite 38 u. 39.)

Es sollen die Abkürzungen bedeuten:

Entscheid. d. P. A. = Aus den Gründen einer Entscheidung des Patentamtes,

Entscheid. d. R. G. = Aus den Gründen einer Entscheidung des Reichsgerichtes,

Gareis = Die patentamtl. u. gerichtl. Entscheidungen zusammengestellt von Dr. Carl Gareis, Berlin, Heymann's Verlag (10 Bände 1881—1894),

Osterrieth-Gareis = Neue Folge der vorigen, herausgegeben von Dr. Albert Osterrieth, in demselben Verläge (2 Bände 1896 und 1899),

Pat.-Blatt = Patentblatt, herausgegeben von dem Kaiserlichen Patentamte,

Blatt f. Pat. etc. = Blatt für Patent-, Muster- und Zeichenwesen, herausgegeben vom Kaiserlichen Patentamte.

1. Entscheid. d. P.A. vom 15. 8. 1878, Gareis Bd. I, S. 187. — Pat.-Blatt 1878, No. 52, S. 283.

„Die thatsächlichen Anführungen des Antragstellers gehen nur dahin, dass er vor der Anmeldung des angefochtenen Patentes einen Rost der von ihm bezeichneten Art konstruirt und die von einem Zeichner gefertigten Kopien an einen Modellschreiner in M. geschickt habe, dass von diesem unter Mitthätigkeit der eigenen Modellschreinerei des Antragstellers Modelle angefertigt, die Roste dann in der Giesserei des Letzteren geformt, nochmals geändert, und endlich mit der Ausarbeitung der eisernen Modelle in der Werkstatt begonnen worden. Die Modelle seien jedem Arbeiter in der Werkstatt zur Besichtigung zugänglich gewesen. Diese Behauptungen sind zwar von den Patentinhabern nicht bestritten und daher als thatsächlich festgestellt anzunehmen. Es ist in diesen Vorgängen aber keine „so offenkundige Benutzung, dass danach die Benutzung durch andere Sachverständige möglich erscheint" zu erkennen. Einmal ist nur die frühere Anfertigung, aber nicht die frühere Benutzung des R.'schen Rostes nachgewiesen. Die frühere Anfertigung würde aber nur als früher getroffene Veranstaltung zur Benutzung der Erfindung im Sinne des § 5 des Patentgesetzes angesehen werden können — — —, nicht würde aber in dessen Folge das von dem ersten Anmelder erlangte Patent für nichtig erklärt werden können. Dies würde auch dann nicht der Fall sein, wenn der Antragsteller die Erfindung in den Räumen seiner Fabrik nicht nur angefertigt — sondern auch in eigene Benutzung genommen hätte. Sollte die Anfertigung und eigene versuchsweise Benutzung einer Erfindung die Patentirung ausschliessen, so könnten überhaupt keine vollständig durchgeführten Erfindungen, sondern nur unerprobte Projekte zur Patentirung gelangen. Dies ist aber weder vom Gesetzgeber beabsichtigt, noch durch den Ausdruck „offenkundig benutzt" ausgesprochen. — — — — —

— — — — — „Indem verlangt wird, dass die Beschreibung auch andere Sachverständige zur Benutzung der Erfindung in den Stand setzen muss, ist zugleich ein Kriterium aufgestellt, wonach die Offenheit und Ehrlichkeit der Beschreibung geprüft werden kann" (Bericht der Reichstagskommission No. 144, 1877 S. 32). Werden derartige strenge Anforderungen an die Anmeldung gestellt, so muss dem Erfinder auch die Möglichkeit gegeben sein, dieselben zu erfüllen und die zu diesem Zwecke erforderlichen Vorarbeiten ohne zu lästige Bedingungen und ohne ängstliche Einschränkungen seines Gewerbebetriebes auszuführen."

2. Entscheid. d. P. A. vom 13. 2. 1879 u. des R. G. vom 23. 10. 1880. Gareis Bd. II, S. 97 ff. — Pat.-Blatt 1881, No. 5 u. 6 S. 29—41.

Offenkundige Benutzung liegt vor, wenn mit dem fertig gestellten Erfindungsobjekt Versuche unter Zuziehung zahlreicher Techniker und ohne Vorbehalt der Geheimhaltung gemacht sind, hierbei auch der Gegenstand der Erfindung erkennbar war.

3. End. d. P.A. v. 6. 1. 1880. Gareis Bd. III, S. 8—25. — Pat.-Blatt 1881, No. 37 S. 203—206.

„Allerdings hat sich ergeben, dass eine dem Patente 3303 entsprechende Maschine schon vor der Patentanmeldung eine Zeit lang in Thätigkeit gewesen ist, dass ferner mittels derselben schon vor diesem Zeitpunkte eine grössere oder geringere Menge von Drahtbügeln hergestellt ist, wie endlich, dass dritte Personen ebenfalls schon vorher die Maschine in dem Fabrikraume des Beklagten haben arbeiten sehen. Allein diese Thatsachen reichen nicht aus, um den Thatbestand einer offenkundigen Benutzung im Sinne des § 2 des Patentgesetzes festzustellen. — — — — —

— — — Ebensowenig lässt sich ein Bekanntwerden der Maschine daraus folgern, dass einzelne Personen sie im Fabrikraum des Beklagten im Betriebe gesehen haben. Der Ort, wo die Maschine arbeitete, war ein geschlossener Raum, als solcher also, mag nun an der Thür desselben ein Schild mit den Worten „Eintritt verboten" gestanden haben oder nicht, dem Publikum ohne Unterschied nicht zugänglich. Das Betreten dieses Raumes durch einzelne Personen, die dann bei Gelegenheit solcher Besuche die im Raume arbeitende Maschine vorübergehend sehen konnten, macht ferner die Benutzung dieser Maschine noch nicht zu einer offenkundigen, im Sinne des § 2 zu einer solchen, welche anderen Sachverständigen die Nachbildung der Maschine ermöglichte, und zwar um so weniger als es sich im vorliegenden Falle um eine komplicirte Maschine handelt, deren Konstruktion auch von einem Sachverständigen durch blosses Ansehen, ohne eingehende Prüfung ihrer einzelnen Theile nicht durchweg richtig aufgefasst und nachgebildet werden kann. Bei Maschinen der letztgedachten Art, deren Herstellung sich naturgemäss nur allmählich vollzieht, also eine längere Zeit in Anspruch nimmt, und deren Vollendung regelmässig Versuche und Proben mannigfacher Art vorangehen werden, wird es sich ferner nicht vermeiden lassen, dass einige andere Personen von ihnen vor der Patentanmeldung Kenntniss erlangen. Hierdurch allein kann aber deren Patentirung nicht ausgeschlossen werden, da derartige Versuche erfahrungsgemäss in den meisten Fällen unentbehrlich sind, um die Erfindung zur Reife zu bringen.“ — — —

4. Entscheid. d. P.A. vom 8. 1. 1880. Gareis Bd. I, S. 183. — Pat.-Blatt 1880, No. 16 S. 79—80.

„Von V. D. in O. wurde am 5. März 1879 ein Patent auf eine Schiefertafel mit in dem Rahmen derselben angebrachten Behälter für Schreibmaterialien angemeldet — — —

— — Unterm 3. Oktober 1879 hat Sch. die Nichtigkeitserklärung des Patentes beantragt, indem er behauptete, dass 1. die Erfindung bei der Anmeldung nicht mehr neu gewesen sei, da O. K. zu O. den Gegenstand bereits im Jahre 1878 fabricirt und vor der Anmeldung im Februar 1879 einer grossen Anzahl von Geschäftsfreunden gezeigt und unter Beifügung von Mustern zum Kauf angeboten habe. — — —

— — Dass Beklagter verschiedenen seiner Geschäftsfreunde von seinem Plane Mittheilung gemacht und einigen auch Proben gezeigt hat, ist noch nicht als offenkundige Benutzung im Sinne des Gesetzes anzusehen. Eine solche würde erst dann vorliegen, wenn Beklagter seine Schiefertafel vor der Anmeldung als Handelswaare auf den Markt gebracht, oder die Fabrikation derartig offen betrieben hätte, dass jeder Sachverständige in ähnlicher Weise wie durch Beschreibung in einer veröffentlichten Druckschrift, jederzeit Kenntniss von der Sache hätte nehmen können. Es ist das aber weder nachgewiesen, noch behauptet.“

5. Entscheid. d. R.G. vom 17. 1. 1880. Gareis Bd. I, S. 179. — Pat.-Blatt 1880, No. 9 S. 53.

„— — — so unterliegt es nach dem Inhalte des § 2 keinem Zweifel, dass der Erfindung die Eigenschaft der Neuheit schon dann abgesprochen werden muss, wenn sie durch Abdruck in einer öffentlichen Druckschrift an die Oeffentlichkeit getreten ist, dass mithin in diesem Falle nur auf die Möglichkeit, dass Jedermann durch Lesen der Druckschrift Kenntniss von der Erfindung erlange, gesehen und der Nachweis wirklich erlangter Kenntniss nicht gefordert wird. Hieraus ist der Schluss zu ziehen, dass auch in dem zweiten Falle es nur darauf ankommt, ob die Benutzung der Erfindung — sei es durch öffentlichen Betrieb der Herstellung oder durch die Beschaffenheit des hergestellten Gegenstandes — in der Weise an die Oeffentlichkeit getreten ist, dass Sachkundige Kenntniss davon erlangen können, dass dagegen nicht der Nachweis erforderlich ist, dass Jemand auf diese Weise wirklich Kenntniss davon erlangt habe. Die Möglichkeit, die Benutzung der Erfindung aus der Beschaffenheit des Fabrikats zu entnehmen, ist aber für Sachverständige nicht allein dann vorhanden, wenn sie ohne Weiteres durch den blossen Augenschein erkennbar ist, sondern auch dann, wenn sie durch eine Untersuchung entdeckt werden kann."

6. Entscheid. d. P.A. vom 22. 1. 1880. Gareis Bd. II, S. 165. — Pat.-Blatt 1881, No. 11 S. 73—75.

— — — „Daraus ist aber auch eine offenkundige Benutzung im Sinne des § 2 des Patentgesetzes mit Nothwendigkeit abzuleiten. Der Beklagte verkaufte eine grössere Anzahl von Maschinen und überliess dieselben den Käufern zur freien Benutzung. Mochte auch bei deren Betrieb die Eigenthümlichkeit der Konstruktion nicht für Jedermann ohne Weiteres erkennbar sein, so konnte dieselbe doch bei näherer Besichtigung entdeckt werden und die Inbetriebsetzung an einer grösseren Zahl von Arbeitsstellen musste die Kenntnissnahme Seitens einer grösseren Zahl Sachkundiger von selbst mit sich führen."

7. Entscheid. d. P.A. vom 29. 4. 1880. — Pat.-Blatt 1880, No. 44 S. 185—188.

— — „Zwar ist nach den Zeugenaussagen für erwiesen anzunehmen, überdies auch von den Beklagten gar nicht bestritten worden, dass Aetzkali bei der Achatfabrikation in Idar schon vor der Anmeldung des den Beklagten ertheilten Patentes im Gebrauch gewesen ist. Nicht dargethan ist aber, dass dieser Gebrauch ein offenkundiger gewesen ist. Die Zeugen

D. und M. haben vor der Patentanmeldung der Beklagten Achatsteine mittels Anwendung von Aetzkali und Salpetersäure weiss, beziehungsweise auch schwarz gefärbt. M. hat dies in Wirthschaften öffentlich erzählt, kann sich aber der Einzelnheiten seiner Erzählung nicht mehr erinnern. D. hat von dem Verfahren noch zwei anderen Schleifern Kenntniss gegeben und haben dieselben solches gleichfalls angewendet. Indessen der hieraus sich ergebende Umstand, dass aus einer Gegend, in der die Achatfabrikation so ausgedehnt und allgemein wie im Fürstenthum Birkenfeld betrieben wird, nur wenige Personen bezeichnet werden können, die von solchem Verfahren etwas wissen, beweist, dass dasselbe unmöglich dort im Sinne des Gesetzes öffentlich verbreitet gewesen sein kann, legt vielmehr die Annahme nahe, dass es nur in vereinzelten Fällen zur Anwendung gekommen ist. Welcher Art die Erzählung des M. in Wirthschaften gewesen sein mag, ist nicht festgestellt, namentlich ist aus seiner Aussage in keiner Weise zu entnehmen, dass er das Verfahren andern Sachverständigen in einer Weise mitgetheilt habe, welche die Benutzung durch letztere ermöglichte." — — —

7a. Entscheid. d. P.A. vom 14. 12. 1879 und des R.G. vom 16. 10. 1880. — Pat.-Blatt 1880, No. 46 S. 193 bis 194.

„Nach diesem Resultat der Beweisaufnahme hat nicht für festgestellt erachtet werden können, dass die Erfindung des Beklagten vor dem 3. Juli 1877 im Inlande derart offenkundig benutzt ist, dass danach eine Benutzung durch andere Sachverständige möglich war.

Zuvörderst ist darauf Gewicht zu legen, dass der Beklagte in allen drei Fällen von den Käufern sich die Geheimhaltung der Maschine — in zwei Fällen sogar durch besonderen Revers — versprechen liess; er wollte diese Geheimhaltung offenbar fortgesetzt wissen, bis ihm die Möglichkeit gegeben war, sich in Gemässheit des Gesetzes den Patentschutz zu verschaffen. —

Nun würde zwar die Verabredung der Geheimhaltung allein der Annahme einer offenkundigen Benutzung, wenn eine solche jener Verabredung zuwider stattgefunden hätte, nicht entgegenstehen. Allein eine solche ist nicht festgestellt. Wenn auch nach dem Zeugniss des Stille die Maschine in dessen Verkaufszimmer stand und dort von vielen Menschen gesehen worden ist, so haben sich Letztere doch mit einer oberflächlichen Ansicht begnügt. Wenn aber die durch die Zeichnung der Patentschrift veranschaulichte komplicirte Zusammensetzung der Maschine berücksichtigt wird, so ist nicht anzunehmen, dass selbst ein Sachverständiger, wenn er die Maschine nur arbeiten sah und dieselbe nicht auseinander genommen wurde, die Erfindung nur in Folge der Besichtigung in Benutzung nehmen konnte, und deswegen sind die von Stille bekundeten Thatsachen unerheblich. Gleicherweise verhält es sich mit den vom Kläger nachträglich aufgestellten Behauptungen, es sei in der Umgegend von Lengerich allgemein bekannt gewesen, dass Stille die Maschine in Betrieb hatte. Die Richtigkeit dieser Behauptung vorausgesetzt, so folgt hieraus nur, dass dem Publikum die Art der Maschine, nicht dass ihm deren eigenthümliche Konstruktion bekannt war.“ — — —

Diese Entscheidung wurde vom Reichsgericht durch Erkenntniss vom 16. 10. 1880 bestätigt. (Pat.-Blatt 1880, No. 46 S. 194—195.) In den Gründen dieses Reichsgerichtserkenntnisses findet sich noch folgender Satz:

„— — — Denn jedenfalls hat keine offenkundige, das heisst keine solche Benutzung stattgefunden, durch welche die Erfindung an die Oeffentlichkeit getreten ist. Dies geschah nicht schon dadurch, dass dieselbe zur Kenntniss eines einzelnen Sachverständigen, des von Hugo Koch zugezogenen Ingenieurs Schorch gelangte, welcher, wie Berufungskläger selbst anführt, von seiner Kenntniss der Maschine vor der Patentanmeldung keinen weiteren Gebrauch gemacht hat.“

8. Entscheid. d. P.A. v. 13. 5. 1880. Gareis Bd. II, S. 241. — Pat.-Blatt 1881, No. 14 S. 95—98.

„Im Weiteren kann aber auch die Behauptung der Klägerin, dass sie ihre Konstruktion, schon ehe das Patent der Beklagten den ersten landesrechtlichen Schutz erhalten, im Sinne des § 2 des Patentgesetzes offenkundig benutzt habe, als in thatsächlicher Beziehung gehörig substantiirt nicht erachtet werden. Denn der Verkauf von nur 3 Vorrichtungen der fraglichen Art an zwei Personen, von denen die eine, wie feststeht, eine Schwägerin des Inhabers der klägerischen Firma ist und die gelegentliche Besichtigung derselben durch einen Sachverständigen im Hause der Klägerin können allein noch keine offenkundige Benutzung, auf Grund deren andern Sachverständigen die Weiterbenutzung möglich gewesen wäre, erkennen lassen. Dass jeder Sachverständige Zutritt zu der klägerischen Fabrik gehabt, ist zwar behauptet, aber nicht erwiesen. Sollte dies auch der Fall gewesen sein, so folgt daraus noch nicht, dass auch Seitens mehrerer sachverständiger Personen von der hier fraglichen Vorrichtung Kenntniss genommen sei."

[Hierzu ist No. 9 zu vergleichen.]

9. Entscheid. d. R.G. v. 1. 2. 1881, die sich an denselben Orten abgedruckt findet, wie die unter No. 8 genannte Entscheid. d. P.A.

In Bezug auf die unter 8. angeführte Entscheid. d. P.A.: „Der Begriff der öffentlichen Benutzung, welchen das Patentamt seiner das Vorbringen der Firma Sch., B. u. Co. als unsubstanzirt verwerfenden Entscheidung zu Grunde gelegt hat, ist ein zu enger, dem Sinne von § 2 des Patentgesetzes nicht entsprechender. Das Gesetz verlangt keineswegs, dass eine öffentliche Benutzung in gewissem ausgedehnterem Maasse stattgefunden habe, sondern verlangt nur, dass die Benutzung eine öffentliche, also keine geheime sei und dass sie in der Weise stattgefunden habe, um anderen Sachverständigen die Benutzung der Erfindung möglich zu machen, also in allen wesentlichen Theilen für Sachverständige erkennbar sei."

10. Entscheid. d. P.A. v. 28. 10. 1880. Gareis Bd. II, S. 28. — Pat.-Blatt 1881, No. 24 S. 151—155.

„— — abgesehen davon, dass sich aus der blossen Besichtigung der Oefen, d. h. der äusserlich sichtbaren Begrenzungen derselben, deren innere Einrichtung selbst von Sachverständigen nicht erkennen lässt, dass es zu diesem Behufe vielmehr der Einsicht und der Zuhülfenahme von Zeichnungen — und dass solches geschehen, ist nicht behauptet worden — bedurft haben würde, hat es sich ausserdem nach Allem, was die Parteien über jene Benutzung vorgebracht haben, dabei unzweifelhaft nur um Versuche und Proben, um die allmähliche Entwickelung einer Erfindung, nicht aber um die gewerbliche Ausbeutung einer fertigen Erfindung gehandelt. Derartige Versuche können indess der späteren Patentirung der Erfindung unmöglich im Wege stehen, — — —

— — Zudem erweisen die von dem Beklagten zu den Akten überreichten Schriftstücke, dass er sich, als er die ihm späterhin patentirten Oefen in Frankfurt und Rittershausen baute, strenge Geheimhaltung ausbedungen hat. Auch hieraus ergiebt sich, dass die Bauten zunächst nur in obigem Sinne zur Ausführung gebracht wurden, und erscheint es glaubhaft, wenn Beklagter behauptet, die Sachverständigen seien zur Besichtigung nur eingeladen, um den Betrieb zu sehen."

11. Entscheid. d. P.A. v. 11. 11. 1880. Gareis Bd. II, S. 177. — Pat.-Blatt 1881, No. 8 S. 128—130.

„— — war für dargethan zu erachten, dass runde Dochtscheiden bereits vor der Anmeldung des angefochtenen Patentes im Sinne des § 2 des Patentgesetzes offenkundig benutzt waren. Denn danach steht fest, dass im Jahre 1868 und in der Folgezeit im Geschäft des Klägers St. runde Dochtscheiden in grossen Mengen fabricirt sind. Dass diese Fabrikation irgend wie geheim gehalten, ist von der Beklagten selbst nicht behauptet, so wenig wie die Bekundung der Zeugen einer solchen Annahme Anhalt bieten: es ergiebt sich im Gegentheil aus letzterer, dass viele Arbeiter um die Fabrikation gewusst haben, an derselben betheiligt und mit deren Einzelheiten betraut gewesen sind. — Allerdings hat die Beweisaufnahme — und auf diesen Umstand hat die Beklagte einen besonderen Nachdruck gelegt — keinen sicheren Aufschluss darüber erbracht, wie und wo die Fabrikate, ob sie insonderheit gerade im Inlande vertrieben sind: allein die Beklagte irrt, wenn sie den Nachweis des Detail-Vertriebes des Gegenstandes der Erfindung im Inlande für ein nothwendiges, unerlässliches Requisit der nach § 2 des Patentgesetzes die Neuheit einer Erfindung ausschliessenden offenkundigen Benutzung ansieht. Das Inverkehrbringen des Gegenstandes der Erfindung vor der Patentanmeldung ist zwar ein Moment, aus dem die Offenkundigkeit der Benutzung der Erfindung vor dem gedachten Zeitpunkte gefolgert werden kann, aber auch nur eben ein Moment neben anderen Momenten, die einen gleichen Schluss rechtfertigen, keinesfalls ein ganz unentbehrliches und geradezu begrifflich gebotenes Erforderniss der öffentlichen Benutzung. Vorliegend ging nun schon die Fabrikation selbst, also die Herstellung des Gegenstandes der Erfindung in einer so offenkundigen Weise vor sich, dass schon diese Thatsache für sich und ohne dass der Vertrieb des erfundenen Fabrikats hinzukommen musste, ausreichte, anderen Sachverständigen die Weiterbenutzung der Erfindung zu ermöglichen." — — —

12. Entscheid. d. P.A. v. 9. 12. 1880. Gareis Bd. II, S. 179. — Pat.-Blatt 1881, No. 22 S. 143—146.

Proben zur Feststellung der Leistungsfähigkeit und Verwendbarkeit eines erfundenen Gegenstandes sind nicht als eine offenkundige Benutzung anzusehen, namentlich nicht, wenn die Proben vor einem geschlossenen Kreise von Personen und ohne Erläuterung und Prüfung der Details des Gegenstandes stattgefunden haben.

13. Entscheid. d. P.A. v. 5. 5. 1881. Gareis Bd. III, S. 155 ff. — Pat.-Blatt 1881, No. 43 S. 223—225.

„so liegt darin noch keine Offenkundigkeit, weil sich jene Kenntniss auf einen bestimmten und noch dazu sehr eng begrenzten Personenkreis beschränkte. Dass die Kunde von der klägerischen Methode über diesen Kreis gedrungen sei, hat der Kläger selbst nicht behauptet, und die blosse Möglichkeit einer Weiterverbreitung ist mit der thatsächlichen Offenkundigkeit keineswegs gleichbedeutend. Im Gegentheil lässt sich für den Fall, dass Kläger in der That ein dem angefochtenen Patente entsprechendes Verfahren seit 23 Jahren angewendet haben sollte, nur annehmen, dass nicht blos der Kläger selbst, sondern auch seine Gehilfen und Arbeiter die Methode als Fabrikgeheimniss betrachtet und darüber Stillschweigen beobachtet haben. Denn anders wäre es kaum zu erklären, dass in der umfangreichen Litteratur über Essigbereitung vor Anmeldung des angefochtenen Patentes von drehbaren Essigbildern keine Andeutung zu finden ist."

14. Entscheid. d. P.A. v. 19. 5. 1881. — Patentblatt 1881, No. 44 S. 228.

„Der Beklagte hat eingeräumt, vor der Patentanmeldung 12 bis 15 Stück Backofenlampen in der Umgegend von Dresden an verschiedene Personen verkauft zu haben, aber geltend gemacht, dass er den Abnehmern bei dem Kaufe die Pflicht zur Geheimhaltung seiner Erfindung auferlegt habe. Dass ein offenkundiger Vertrieb des Erfindungsgegenstandes in dem angegebenen Umfange eine anderen Sachverständigen die Nachbildung der Erfindung ermöglichende Benutzung darstellen würde, ist zweifellos. Deswegen kommt in Frage, ob der Vertrieb der Lampen in der That ein offenkundiger oder aber ob er, wie der Beklagte behauptet, ein geheimer gewesen ist.

Der Beklagte hat principaliter für seine Behauptung, dass er sich von den Käufern der Lampen die Geheimhaltung derselben besonders ausbedungen habe, einen Beweis nicht antreten zu wollen erklärt: er hält dafür, der Kläger sei zu beweisen schuldig, dass die Bedingung der Geheimhaltung von ihm, dem Beklagten', den einzelnen Abnehmern gegenüber nicht gestellt sei. Dieser Auffassung ist indessen nicht beigetreten. — — — —

— — — Eventuell hat der Beklagte sich zum Beweise seiner Behauptung der Eideszuschiebung bedient. Der Parteieneid ist nun aber, wie in der Entscheidung des Patentamtes vom 30. Januar 1879 (Patentblatt S. 241) des Näheren ausgeführt ist, kein zulässiges Beweismittel in Patentstreitsachen, woraus folgt, dass der Beklagte mit diesem eventuellen Beweisantritt seiner Beweispflicht nicht nachgekommen ist."

15. Entscheid. d. P.A. v. 9. 6. 1881. — Pat.-Blatt 1881, S. 225 ff.

„Anders verhält es sich mit der offenkundigen Benutzung des klägerischen Apparates. Eine solche ist zwar in der — im Auslande erfolgten — Ausstellung desselben nicht zu finden, wohl aber in denjenigen fünf Fällen, in denen Kläger unbestrittenermaassen seine Kloseteinrichtung in dem Zeitraume von 1871 bis 1875 praktisch zur Ausführung gebracht hat. Die verhältnissmässig geringe Zahl der Fälle erscheint als genügend, um eine offenkundige Benutzung im Sinne des Gesetzes zu begründen. Einen bestimmten Umfang verlangt das Gesetz für die offenkundige Benutzung nicht. Zur Erfüllung dieser Voraussetzung darf auch nicht gefordert werden, dass die fragliche Erfindung jedem Sachverständigen derart zugänglich sei, dass derselbe, ohne darauf aufmerksam gemacht zu sein, oder ohne Nachforschungen anzustellen, die Erfindung ohne Weiteres erkennen müsse. Das Gesetz verlangt nur, dass die Benutzung der Erfindung anderen Sachverständigen „**möglich**" gewesen sei. Einrichtungen, welche an verschiedenen Orten und in verschiedenen Gebäuden, darunter in einer öffentlichen Anstalt, zum Theil unter der Aufsicht öffentlicher Baubeamten angebracht worden sind, haben diese Möglichkeit jedenfalls geboten. Sie war nicht nur bei dem ersten Anbringen vorhanden, sondern auch später während der ganzen Zeit der Benutzung der Einrichtungen. Sie wäre dann ausgeschlossen gewesen, wenn bei der Anbringung der Einrichtungen Niemand anderes als die Leute des Klägers zugegen gewesen, wenn die Einrichtungen selbst verdeckt und einer äusserlichen Besichtigung entzogen angebracht wären und wenn endlich der Zugang zu derselben sachverständigen Personen ausdrücklich versagt geblieben sein würde. Solches ist von dem Kläger nicht einmal behauptet und nach der Natur der Verhältnisse überhaupt ausgeschlossen."

16. Entscheid. d. P.A. v. 9. 2. 1882. Gareis Bd. III, S. 165. — Pat.-Blatt 1882, No. 21 S. 61—62.

„Es bleibt daher zu prüfen, ob in der Thatsache, dass die Beklagte damals in Krefeld eine dem angemeldeten Patent entsprechende Maschine aufgestellt hat, wie vom Kläger angenommen wird, eine offenkundige Benutzung der Erfindung im Sinne des § 2 des Patentgesetzes zu erkennen ist. Die hier in Betracht kommenden Fragen sind in den Gründen einer Vorentscheidung des Patentamtes vom 29. Mai 1879 [siehe unten No. 37] (Patentblatt 1879, No. 40, S. 494—499, Gareis Bd. I, S. 166 ff.) eingehend erörtert worden. Nach dem Ergebnisse dieser Erörterung, welchem auch hier beigetreten werden muss, ist unter einer Benutzung der Erfindung im Sinne des Gesetzes die wirkliche Durchführung, die Verwirklichung der Erfindung entweder durch die Bethätigung des Verfahrens, oder durch die praktische Anwendung des Arbeitsmittels, welches den Gegenstand der Erfindung bildet, zu verstehen. Aus dieser Begriffsbestimmung folgt, dass eine Schaustellung des Erfindungsobjekts grundsätzlich als eine Benutzung der Erfindung anzusehen ist. Ob hingegen die in der Schaustellung liegende Beuutzung, wie es im Gesetze weiter verlangt wird, auch eine offenkundige war, lässt sich grundsätzlich nicht entscheiden, hängt vielmehr lediglich von der Besonderheit des einzelnen Falles ab.

In dem vorliegenden Falle ist diese Frage zu verneinen. Es steht nach den Anführungen der Parteien fest, dass die Maschine der Beklagten am 12. Sept. 1880 in Krefeld nur wenige Stunden ausgestellt gewesen ist, dass sie dort nicht in Thätigkeit war und nur so gezeigt wurde, dass sich ein Einblick in ihr Inneres nicht gewinnen liess. Ein vorübergehendes und oberflächliches Beschauen der Maschine genügte aber nicht, Sachverständige dergestalt mit dem Organismus derselben bekannt zu machen, dass sie die Erfindung des Beklagten daraufhin ohne Weiteres hätten in Benutzung nehmen können. Denn die Konstruktion der Maschine, wie sie in der Patentschrift zur Darstellung gebracht ist, bringt es mit sich, dass der Mitnehmerstift, den der Patentanspruch als das Wesentliche an der Erfindung hervorhebt, in der Maschine so verborgen liegt, dass seine Wirkungsweise nicht von aussen erkannt werden kann, sondern erst wahrzunehmen ist, wenn die Maschine auseinandergenommen wird.

Eine offenkundige Benutzung der — — — Maschine — — ist demnach nicht dargethan."

17. Entscheid. d. P.A. v. 1. 6. 1882. Gareis Bd. IV, S. 30ff. — Pat.-Blatt 1883, No. 13 S. 125—132.

„— — Das Gesetz verlangt nämlich die Möglichkeit der Benutzung für „andere" Sachverständige und setzt damit die Existenz eines zu diesen „anderen" im Gegensatze stehenden Personenkreises voraus, bei welchem die Möglichkeit der Benutzung der Neuheit der Erfindung nicht entgegenstehen soll.

Zu diesem Kreise gehören ausser dem Erfinder selbst und dessen Rechtsnachfolgern zunächst diejenigen Personen, die bei der Ausnutzung der Erfindung entweder dauernd — als Beamte, Arbeiter — oder vorübergehend — als Handwerker, Monteure, Lieferanten — thätig sind, sodann aber auch diejenigen, denen durch die oben bezeichneten Personen, oder durch den Erfinder selbst eine vertrauliche Mittheilung über die Erfindung gemacht, oder gegen das Versprechen des Stillschweigens ein Einblick in die Fabrikation gestattet worden ist. So lange ein Fabrikgeheimniss innerhalb dieses Personenkreises verbleibt, darf dasselbe als ein Internum gelten, gleichviel, ob jener Kreis im einzelnen Falle weiter oder enger ist.

[Vergl. hiergegen die Entscheid. d. R.G. v. 1. 10. 1887, s. unten No. 22.]

Nach § 2 des Patentgesetzes soll ferner die die Neuheit aussschliessende Benutzung „so“ offenkundig sein, „dass danach“ die Benutzung durch andere Sachverständige möglich erscheint. Es wird also ein ursächlicher Zusammenhang zwischen der Offenkundigkeit und der Möglichkeit der Benutzung verlangt. Ein solcher Zusammenhang liegt nicht vor, wenn die nachweisbar vorhandene Möglichkeit der Benutzung durch andere Sachverständige sich nicht sowohl auf die Offenkundigkeit des Betriebes, als auf Mittheilungen solcher Personen stützt, denen die Wahrung des Fabrikgeheimnisses obgelegen hätte. Die klägerischen Beweisanträge zielen aber bezüglich der Fabriken in Dessau und Waghäusel lediglich auf eine Verletzung des Fabrikgeheimnisses ab und waren daher als rechtlich unerheblich zu erachten. Hat das unbefugte Ausplaudern eines Fabrikgeheimnisses die Benutzung durch andere Sachverständige nicht blos ermöglicht, sondern thatsächlich veranlasst, so kommt dieser Umstand konsequenter Weise nicht als Beweismoment für die frühere Offenkundigkeit, sondern als selbständiger Nichtigkeitsgrund in Betracht.

— — — — Das Patentamt hat mündlichen Mittheilungen in Interessentenversammlungen, selbst wenn dadurch die Kenntniss des Verfahrens in weitere Kreise gedrungen sein sollte, bei der klaren Vorschrift des § 2 des Patentgesetzes für einen Nichtigkeitsgrund nicht erachten können. Auch lässt sich im vorliegenden Falle die Offenkundigkeit des Fabrikbetriebes aus jenen Mittheilungen nicht herleiten. Denn dieselben sind eine verhältnissmässig so geringfügige Zahl, dass sich schon daraus ergiebt, dass es sich nur um einen erfolglosen Versuch gehandelt hat. — — — —“

20. Entscheid. d. P.A. v. 24. 6. 1886. Gareis Bd. VI, S. 99. — Pat.-Blatt 1888, No. 30 S. 261—267.

„— — Mit Recht hat daher ein unter dem 30. Juni 1888 erstattetes Gutachten der Abtheilung I des Patentamtes als Wesen der hier fraglichen Erfindung allein die drehbare Kreisscheibe bezeichnet, welche, wie oben erwähnt, bereits bei dem „Thurm zu Babel“ vorhanden ist. Dass dieses Kunstwerk offenkundig im Sinne des Patentgesetzes vorbenutzt worden ist, kann einem Zweifel nicht unterliegen. Die Ausstellung in einem ständigen dem Publikum zugänglichen, geöffneten Museum verfolgt den Zweck, die darin befindlichen — — — Gegenstände — — — dem Publikum — — aber auch den betheiligten Fachkreisen — — — zugänglich zu machen. Auch das „Grüne Gewölbe“ hat diese Bestimmung. Wenn die Besichtigung einzelner Gegenstände nur unter besonderen Vorsichtsmaassregeln gestattet ist, so geschieht das nicht im Interesse der Geheimhaltung — — —. Dass speciell der „Thurm zu Babel“ in keiner Weise geheim gehalten wird, ist schon daraus zu erkennen, dass dem Kläger gestattet wurde, eine Skizze des einschlägigen Konstruktionstheiles zu entnehmen. Die Beklagte beruft sich zwar gegenüber der behaupteten Offenkundigkeit auf die Thatsache, dass es selbst hervorragenden Technikern nicht gelungen sei, das Werk wieder in Gang zu setzen und dessen Zusammensetzung zu erkennen. Allein dieser Einwand ist verfehlt. Mag auch der Mechanismus, welcher das gesammte komplicirte Uhr- und Musikwerk in Bewegung setzt, der Gegenwart nicht verständlich sein, so handelt es sich doch im vorliegenden Falle lediglich um eine Einzelheit, nämlich um die drehbare Notenscheibe und deren Einwirkung auf das die Kancellen öffnende und schliessende Hebelwerk. Diese specielle Anordnung ist aber so einfach, dass schon auf Grund einer oberflächlichen Besichtigung die Nachbildung durch andere, mit mechanischen Musikwerken vertraute Fachmänner möglich erscheint.“

[Hierzu ist No. 21 zu vergleichen.]

21. Entscheid. d. R.G. v. 24. 9. 1887. Gareis Bd. V, S. 113 ff. — Pat.-Blatt 1888, S. 261—267.

In Bezug auf die unter 20 angeführte Entscheid. d. P.A. v. 24. 6. 1886.

„Die Einrichtung jener Notenscheibe befindet sich im Innern des zur Schau gestellten Kunstwerks. In dem zu den Akten gelangten Katalog des grünen Gewölbes ist wohl von einem Musikwerke, aber nicht von dessen Konstruktion die Rede. Das Musikwerk geht nicht; es fehlt danach für den Besucher des Museums an jeder Anregung, nach der besonderen Einrichtung des verborgenen Musikwerks zu forschen, ja nur anzunehmen, dass solche ganz besondere Einrichtung vorhanden sei. Dass sie einzelnen Mechanikern bekannt geworden ist, welche von der Verwaltung des Grünen Gewölbes veranlasst sind, Reparaturen vorzunehmen, und dass nach den Vorgängen dieses Falles anzunehmen, die Museumsdirektion würde Sachverständigen, wenn sie einen Anlass gehabt hätten, nach der Einrichtung zu forschen, dieselbe nicht verheimlicht haben, reicht nicht einmal aus, um anzunehmen, dass sich jene Einrichtung in offenkundiger Benutzung befunden habe." — —

22. Entscheid. d. R.G. vom 1. 10. 1887. Gareis Bd. VI, S. 97. — Pat.-Blatt 1887, No. 46 S. 379.

Mit Bezug auf die oben unter No. 17 angeführte Entscheid. d. P.A. v. 1. 6. 1882.

„— — ist es geboten, diese Auslegung des Gesetzeswortes „anderer" als unhaltbar zu bezeichnen. Dieses Wort dient im Sinne des Gesetzes lediglich zur Bezeichnung aller Personen, denen schon vor der Anmeldung einer Erfindung die Möglichkeit gegeben wurde, die Erfindung zur Patentirung durch eine offenkundige Benutzung dieser Erfindung lediglich in Folge sachverständiger Beobachtung der stattgehabten öffentlichen Benutzung bei Anwendung der ihnen sonst als Sachverständigen zu Gebot stehenden bekannten technischen Maassnahmen zu benutzen. Die Fragen, welche das Kaiserliche Patentamt durch Ziehung von Konsequenzen aus dem Worte „anderer" lösen zu können vermeint, können lediglich aus der Bestimmung des Sinnes der Gesetzesworte „offenkundig benutzt" gelöst werden. Eine Auslegung des

Gesetzes, welche diesen Ausgangspunkt nimmt, führt allerdings dazu, dass eine frühere Benutzung einer demnächst zur Patentirung angemeldeten Erfindung, welche nur in Gegenwart solcher Personen stattgefunden hat, denen (sei es ausdrücklich, sei es sonst ersichtlich) kundgegeben ist, ihnen werde die Wahrnehmung der Benutzung nur unter der Voraussetzung gestattet, dass dadurch die benutzte Erfindung nicht offenkundig werde, der Patentfähigkeit der Erfindung nicht entgegensteht. Dieser Grundsatz wird in jedem Einzelfalle unter Berücksichtigung aller vorliegenden konkreten Umstände zur Geltung zu bringen sein. Dagegen darf man nicht abstrakt sagen, dass eine Benutzung einer Erfindung, welche sachverständigen Beamten, Arbeitern, Handwerkern, Lieferanten der Benutzenden ermögliche, ihrerseits die Erfindung zu benutzen — — — dürfe im Sinne des Gesetzes überhaupt nicht als eine offenkundige Benutzung im Sinne des § 2 des P.G. gelten."

23. Entscheid. d. R.G. v. 29. 1. 1890. Gareis Bd. VIII, S. 279. — Pat.-Blatt 1890, No. 51 S. 563—572.

„Nach den — — — Aussagen der Zeugen — — — wird von der Firma B. & M. zu B. die Tenderingmaschine in ihrer dortigen Fabrik seit 1873 zur Erbreiterung von halbwollenen Futterstoffen und Fixirung der so gewonnenen Form angewendet. Zwei Maschinen dieser Art stehen in einem Saale der Fabrik im Betriebe, in welchem etwa 50 Arbeiter beschäftigt sind. Am Fabrikthor ist zwar angeschlagen: Eintritt ist fremden Personen verboten! Der Fabrikant betrachtet aber die Maschine und ihren Betrieb nicht als Geheimniss. Er ist bereit, die Maschine dritten Personen auf deren Ansuchen zu zeigen. In einem früheren Jahre hat er bereits eine Maschine dieser Art einem anderen Fabrikanten in E. geliehen. Die Tenderingmaschine war danach zur Zeit der Patentanmeldung im Mai 1885 im Inlande bereits so offenkundig benutzt, dass danach die Benutzung durch andere Sachverständige möglich war."

24. Entscheid. d. P.A. v. 27. 2. 1890. Gareis Bd. IX, S. 177 ff. — Pat.-Blatt 1891, No. 29 S. 373—377.

„In dem Abschlusse eines Vertrages über Verwerthung einer Erfindung liegt in keinem Falle eine offenkundige Benutzung derselben und ebensowenig kann eine solche — nach der Rechtsprechung des Patentamtes und des Reichsgerichtes — in dem Verkauf nur zweier Stücke des betreffenden Ventils gesehen werden (Entscheidung des Patentamtes vom 9. Juni 1881. Patentblatt 1881, S. 225 ff. [Siehe oben No. 14 a.]; Entscheidung des Reichsgerichts vom 26. Januar 1884. Patentblatt 1884 S. 102, 103). [Siehe oben No. 19.]

Zur Begründung der Behauptung, dass durch die in den wenigen Wochen vor dem 1. August 1879 begonnenen Benutzung dieser beiden Ventile Seitens der V. Ges. in K. die Einrichtung derselben an die Oeffentlichkeit getreten sei, sind Thatsachen überhaupt nicht angeführt. Gerade im vorliegenden Falle wäre das jedoch besonders nothwendig gewesen, weil nach den Umständen die Vermuthung viel mehr gegen die Offenkundigkeit der Benutzung spricht. Die in Rede stehende Ventileinrichtung ist nach der Art ihrer Verwendung in Bergwerken der Besichtigung schwer zugänglich und Betriebsstätten, wie die genannte, stehen in der Regel nicht Jedermann offen. Das D.'sche Ventil kann also für die Frage nach der Nichtigkeit des angegriffenen Patentes nicht in Betracht kommen."

[Hierzu ist No. 25 zu vergleichen.]

25. Entscheid. d. R.G. v. 11. 5. 1891. Gareis Bd. IX, S. 186 ff. — Pat.-Blatt 1891, No. 29 S. 373—377.

In Bezug auf die unter 24. angeführte Entscheid. d. P.A. vom 27. 2. 1890.

„Der Zeuge M. bekundet, dass er am 19. Juli 1879 mit D. einen Vertrag über die Verwerthung des demselben unter No. 8429 patentirten Ringventils abgeschlossen und auf Grund dieses Vertrages am gleichen Tage zwei dem gedachten Patente vollständig entsprechende Ringventile, die zufolge einer Bestellung vom 15. Mai 1879 in seiner Fabrik angefertigt waren, an die Vereinigungsgesellschaft in K. abgesandt hat. Nach der Aussage des Zeugen hat eine Geheimhaltung der Arbeiten in seiner Fabrik nicht stattgefunden; vielmehr ist nicht blos Beamten und Arbeitern, sondern auch dritten Personen der Zutritt gestattet worden. Diese Thatsachen genügen, um die Offenkundigkeit der Benutzung gemäss § 2 Absatz 1 des Patentgesetzes zu begründen, da nicht blos der Verkauf einzelner

Exemplare bezeugt, sondern auch der Nachweis geführt ist, dass bei Anfertigung der betreffenden Ventile in der M.'schen Fabrik für das Fabrikpersonal wie für dritte, nicht zur Fabrik gehörige Personen, die Möglichkeit gegeben war, von der in dem Patent No. 8429 beschriebenen Einrichtung Kenntniss zu nehmen. Dass es sich bei der Anfertigung der beiden Ventile um eine blos versuchsweise Ausführung einer noch nicht vollständig zum Abschlusse gelangten Erfindung gehandelt habe, ist nach Lage der Sache nicht anzunehmen; vielmehr erscheint mit Rücksicht darauf, dass die D.'sche Patentanmeldung der fraglichen Bestellung unmittelbar nachgefolgt ist, und dass nach der Bekundung des Zeugen die auf Grund dieser Bestellung angefertigten Ventile genau mit dem Patent 8429 übereinstimmen, der Schluss gerechtfertigt, dass die Erfindung D.'s, soweit sie überhaupt der Ausführung fähig ist, bei Bestellung und Anfertigung der beiden Ventile bereits vollendet war."

26. Entscheid. d. P.A. vom 3. 5. 1890. Gareis Bd. VIII, S. 224ff. — Pat.-Blatt 1890, No. 48 S. 527—530.

— — — „Es erscheint daher durchaus gerechtfertigt, von ihm [dem Kläger] den bestimmten Nachweis zu fordern, dass thatsächlich gerade während des in Frage stehenden Zeitraumes die betreffende Einrichtung entweder einer grösseren Anzahl von Personen zugänglich gemacht, oder wenigstens von Einzelnen besichtigt wurde, welche dann ihrerseits die Kenntniss derselben weiteren Kreisen vermittelten.

Diesen Beweis hat Kläger nicht erbracht. Die gehörten drei Zeugen haben nur auf Grund geschäftlicher Beziehungen und zur Ausführung bestimmter Arbeiten die Fabrik betreten. Selbst wenn sie sämmtlich bei dieser Gelegenheit die Maschine in Augenschein genommen hätten, würde hieraus mit Rücksicht auf das zwischen ihnen und der Fabrik bestehende Vertrauensverhältniss eine offenkundige Benutzung nicht gefolgert werden können. In Wirklichkeit hat aber der Zeuge W. die Maschine überhaupt nicht beachtet, der Zeuge H. war seiner eigenen Erklärung zufolge schon in Folge mangelnder Fachkenntnisse nicht in der Lage, die Maschine einer sachverständigen Besichtigung zu unterziehen. Nur der Zeuge Direktor A. hat, auf besondere Veranlassung des Klägers, die Maschine und insbesondere den drehbaren Abstreicher gesehen. Er hat aber, wie sich aus seinen Aussagen mit völliger Sicherheit ergiebt, von seiner Kenntniss vor der Patentanmeldung keinerlei weiteren Gebrauch gemacht. — — —

Die Beweisaufnahme hat hiernach genügende Thatsachen für die Annahme einer offenkundigen Vorbenutzung der patentirten Einrichtung nicht ergeben.

Von der Vernehmung der weiter vom Kläger als Zeugen vorgeschlagenen Personen war solches aber ebenfalls nicht zu erwarten.

Der klägerische Vertreter Kh. ist, wie Kläger selbst angiebt, gleichfalls nur vermöge seiner geschäftlichen Beziehungen, auf Grund eines ihm ertheilten besonderen Auftrages, zur Besichtigung der Maschine gelangt, und seine in dieser Weise vermittelte Kenntniss würde ebensowenig wie die des Direktors A. die Annahme einer offenkundigen Benutzung begründen können. Dass er seine Wahrnehmung aber in weitere Kreise getragen habe, ist nicht einmal behauptet worden. Der Direktor W. H. und der Siedemeister A. K. endlich waren in der fraglichen Zeit Angestellte der Zuckerfabrik M. Ihre Kenntniss von der Maschine erscheint daher für die Frage der offenkundigen Benutzung ohne Bedeutung."

27. Entscheid. d. P.A. vom 18. 6. 1891. Gareis Bd. IX, S. 210. — Pat.-Blatt 1892, No. 21 S. 305—308.

„— — Wenn aber auch durch die Vernehmung der fraglichen Zeugen [des Zimmermeisters G. und des Inhabers der Maschinenfabrik B. Sch.] festgestellt werden sollte, dass die zur Ausführung des Verfahrens erforderlichen Maschinen offenkundig hergestellt worden sind, so würde dies doch auf die Entscheidung des Rechtsstreites Einfluss nicht ausüben können, weil der Gegenstand des Patentes ein Verfahren betrifft, dessen offenkundige Benutzung durch den Nachweis der offenkundigen Herstellung der Apparate in einer Maschinenfabrik nicht dargethan werden kann."

[Hierzu ist No. 28 zu vergleichen.]

28. Entscheid. d. R.G. vom 21. 3. 1892. Gareis Bd. IX, S. 212—213. — Pat.-Blatt 1892, No. 21 S. 305—308.

„Dagegen konnte der [oben unter 27. angeführten] Entscheidung des Kaiserlichen Patentamtes [vom 18. 6. 1891] insoweit nicht beigetreten werden, als die vom Kläger unter Berufung auf das Zeugniss des Zimmermeisters G. und des Inhabers der Maschinenfabrik B. Sch. beantragte weitere Beweisaufnahme für unerheblich erachtet ist. Die hierfür maasgebend gewesene Erwägung ist wörtlich dahin gefasst:

(Siehe oben unter 27: „Wenn aber — dargethan werden kann.")

Diese Auffassung kann keinesfalls in der Allgemeinheit, in der sie aufgestellt ist, als zutreffend anerkannt werden. Sofern nach den bestehenden Umständen des einzelnen Falles anzunehmen ist, dass dem Sachverständigen, welchem Kenntniss von den zur Anwendung eines Verfahrens nothwendigen Einrichtungen gegeben wird, damit zugleich unzweideutig die Kenntniss des Verfahrens selbst vermittelt wird, schliesst die offenkundige Benutzung der Einrichtungen, welche eine solche Kenntniss vermittelt, die Neuheit des betreffenden Verfahrens als Gegenstand einer patentfähigen Erfindung aus. In einem solchen Falle ist eine Benutzung der Einrichtungen, wie sie im § 4 Abs. 1 des Patentgesetzes bezeichnet ist, dadurch, dass die Einrichtungen gewerbsmässig hergestellt, in Verkehr gebracht oder feilgehalten werden, von der gewerblichen Verwerthung des Verfahrens durch Mittheilung und somit von einer Benutzung dieses Verfahrens im Sinne des Gesetzes nach Lage der thatsächlichen Verhältnisse nicht trennbar. Dabei bedarf es keiner Erörterung darüber, ob die Benutzung eines Verfahrens, das nichts Körperliches ist, durch Herstellen erfolgen könne, denn die Benutzung eines Verfahrens durch in Verkehr bringen und Feilhalten vollzieht sich im Verkehr fortlaufend und ist namentlich auch in Ansehung des hier fraglichen Verfahrens Seitens der Beklagten unstreitig durch verschiedene Licenzertheilungen gegen Entgelt bethätigt worden. — — — — — —

— — — — Deshalb ist in der Berufungsinstanz die vom Kläger beantragte Beweisaufnahme veranlasst worden. Der Zeuge G. hat zur Sache Erhebliches nicht bekundet. Dagegen hat der Inhaber der Fabrik B. Sch. in Z. i. W. (B.), Fabrikant Q., ausgesagt, er habe nach den ihm durch einen Ingenieur zugänglich gemachten Zeichnungen von den Einrichtungen und dem Verfahren, welchem dieselben dienen sollten, die erforderliche Kenntniss erhalten, um im Jahre 1881 und später für verschiedene Cellulosefabriken brauchbare, dem später erwirkten Patente entsprechende Einrichtungen herzustellen. Das habe er, wie er weiter angiebt, für Fabrikanten gethan, welche anscheinend als Licenzträger der Beklagten von dem Verfahren bereits Kenntniss hatten, er sei aber auch in der Lage gewesen, seinerseits einer Fabrik in P. in der Sch. gegenüber sich zur Herstellung der für das Verfahren erforderlichen Einrichtungen zu erbieten. Das habe er unternommen, obgleich ihm bekannt gewesen sei, dass die Fabrik der Kostenersparniss wegen eine Licenz Seitens der Beklagten nicht erwirkt habe. Der Direktor der Fabrik in P. — — habe — — darauf die erforderlichen Einrichtungen bestellt, deren Anfertigung in der Fabrik in Z. derart bewirkt sei, dass die Ablieferung zur Uebermittelung nach P. am 30. Nov. 1883 habe ausgeführt werden können. Zufolge dieser Aussage ist als erwiesen angenommen, dass jedenfalls der Fabrik in P. gegenüber das Verfahren selbst vor der Anmeldung vom 29. Mai 1884 in der Fabrik in Z., also im Inlande in Verkehr gebracht und feilgehalten, also im Sinne des Gesetzes benutzt worden ist.

Auch dass die festgestellte Benutzung derart offenkundig erfolgt sei, dass danach die Benutzung durch andere Sachverständige möglich erscheint, ist nach der Aussage des Zeugen Q. als erwiesen angenommen. Derselbe scheint allerdings gewusst zu haben, dass das Verfahren ein Geheimniss der Beklagten sei; er scheint ferner, abgesehen von seinem Verhalten dem Direktor der Fabrik in P. gegenüber, von dem Bestreben geleitet gewesen zu sein, das Geheimniss zu bewahren, auch in die Angestellten seiner Fabrik und in die dort beschäftigten Arbeiter das Vertrauen gesetzt zu haben, dass sie das Geheimniss nicht verrathen würden. Q. hat aber ausdrücklich angegeben, dass er in keiner Weise Vorkehrungen getroffen habe, um die Bewahrung des Geheimnisses zu sichern. Die Herstellung der hier in Betracht kommenden Einrichtungen ist ersichtlich in dem gewöhnlichen Betriebe der Maschinenfabrik erfolgt. Nach der Art dieses Betriebes hätten zwar, wie Q. meint, seine Arbeiter von den Einrichtungen in ihrem Zusammenhange und dem dazu gehörigen Verfahren kaum Kenntniss gewinnen können, er stellt es aber selbst als unzweifelhaft hin, dass sein Zeichner allerdings in die Lage versetzt worden sei, die Einrichtungen und das Verfahren zu benutzen. Daraus folgt dann mit Nothwendigkeit, dass auch andere Sachverständige durch Einsicht in den Betrieb in die gleiche Lage versetzt worden wären.

Darauf, ob der Zeichner und eventuell andere Sachverständige die an sich für sie gegeben gewesene Möglichkeit der Benutzung der Erfindung auch thatsächlich verwerthet haben, kommt es nicht an. Das Gesetz spricht nach seinem klaren Wortlaut einer Erfindung die Neuheit schon dann ab, wenn dieselbe im Inlande bereits so offenkundig benutzt ist, dass danach die Benutzung durch andere Sachverständige möglich erscheint. Das aber ist nach dem Ergebniss der Beweisaufnahme dargethan."

28a. Entscheid. d. P.A. vom 24. 9. 1891. — Pat.-Blatt 1892, No. 8 S. 118.

„Wenn auch bei der vor der Patentanmeldung stattgehabten Ausführung des patentirten Verfahrens in der Fabrik des Beklagten Arbeiter in der Lage gewesen sein sollten, von dem Verfahren Kenntniss zu nehmen, so kann doch auf Grund dieser Thatsache allein Offenkundigkeit der Benutzung nicht angenommen werden.

Es ist notorisch, dass gerade in Verzinkereien die darin angewendeten Verfahrensweisen mit besonderer Peinlichkeit geheim gehalten werden und die darin Angestellten schon auf Grund ihres Vertragsverhältnisses die Verpflichtung haben, über die von ihnen im Betriebe ihres Arbeitgebers gemachten Wahrnehmungen zu schweigen.

Unter diesen Umständen hätte dem Kläger der Nachweis obgelegen, dass der Betrieb in der Verzinkerei des Beklagten abweichend von der Regel ein offenkundiger gewesen sei oder dass Angestellte des Beklagten unter Missbrauch des in sie gesetzten Vertrauens anderen sachverständigen Personen das patentirte Verfahren vorgeführt haben.

Dieser Beweis ist nicht angetreten.

Die Behauptung, dass während der Anwendung des Verfahrens vor der Anmeldung des Patentes mehrfacher Wechsel unter den Arbeitern stattgefunden habe, ist an sich ebenso unerheblich, wie die weitere Angabe, die verzinkte Waare sei sofort nach der Fertigstellung in den Handel gebracht. Bei dieser Sachlage konnte die von dem Beklagten selbst unternommene Vorbenutzung seines Verfahrens die Vernichtung des angegriffenen Patentes nicht rechtfertigen." —

29. Entscheid. d. P.A. vom 24. 9. 1891. Gareis Bd. IX, S. 194ff. — Pat.-Blatt 1892, No. 30 S. 427—429.

„Dass dem Fabrikanten L. die Pflicht auferlegt war, die Maschine, die unstreitig die patentirte Einrichtung besass, geheim zu halten, ist nicht als feststehend anzusehen, da für diese streitige Behauptung ein Beweis nicht angeboten ist. Wäre aber auch von der gegentheiligen Annahme auszugehen, so hätte doch L. nach den Zeugenaussagen dieser Pflicht zuwider gehandelt. Er hat nicht nur dem Zeugen Sch. die Einrichtungen seiner Fabrik ohne Vorsichtsmaassregeln gezeigt, sondern auch im Frühjahr 1886 dieselbe einschliesslich der Maschinen ohne Vorbehalt an den Zeugen G. weiter verkauft. Damit ist der Thatbestand der offenkundigen Vorbenutzung im Sinne des § 2 des Patentgesetzes erfüllt, selbst wenn Sch. gerade die in Rede stehende Maschine nicht besichtigt und G. seinerseits Maassregeln zur Geheimhaltung der Maschine getroffen hat. Denn jedenfalls war durch das Verhalten von L. die Möglichkeit gegeben, dass die Einrichtung der Maschine in Folge der Kenntnissnahme von Sachverständigen von diesen benutzt werden konnte, und diese Möglichkeit ist nach der angezogenen Gesetzesstelle genügend, um die Nichtigkeitserklärung des angegriffenen Patentes gemäss § 10 No. 1 a. a. O. herbeizuführen."

[Hierzu ist No. 30 zu vergleichen.]

30. Entscheid. d. R.G. vom 9. 5. 1892. Gareis Bd. IX, S. 200—204. — Pat.-Blatt 1892, No. 30 S. 427—429.

Das Reichsgericht stimmt den unter 29 angegebenen Gründen der Entscheid. d. P.A. vom 24. Sept. 1891 zu und giebt daran anknüpfend folgende Ausführungen:

„Die Ausführung des Beklagten, dass der Betrieb der an L. verkauften Maschine eine Benutzung der Erfindung nicht enthalte, ist verfehlt. Das Patentgesetz versteht, wie sich aus § 4 Absatz 2 und den §§ 34, 35 desselben (nach der älteren Fassung) ergiebt, unter Benutzung der Erfindung auch die

Interesse daran nahm, sich die Kenntniss der Einrichtung verschaffen konnte, ohne dass ihn die von H. und B. getroffenen Maassnahmen daran hinderten.

Unter diesen Umständen war die Benutzung der patentirten Einrichtung bei B. und H. so offenkundig, dass danach die Benutzung durch andere Sachverständige möglich erschien.

Wenn hieran noch ein Zweifel bestehen könnte, so würde er durch die Aussagen der Zeugen K. und J. beseitigt.

Der Monteur K. hat einige Zeit vor dem Jahre 1889 bei B. eine Betriebsmaschine montirt. Er ist zweimal in dessen Fabrik gewesen, das eine Mal 12 Tage, das andere Mal einen Tag. Die Nagelschmiedemaschine war damals in der Fabrik aufgestellt und Zeuge hat sich dieselbe angesehen. Ueber seine Wahrnehmung ist ihm weder Stillschweigen auferlegt, noch war er aus anderen Gründen zum Stillschweigen verpflichtet.

Ob der Monteur K. von den hier erheblichen Einzelheiten an der Maschine Kenntniss genommen hat, ist unerheblich. Dass er davon Kenntniss nehmen konnte, ergiebt sich aus seiner Aussage. Dass aber diese Einrichtungen an einer Maschine, welche sonst in ihrer Gesammteinrichtung Gemeingut war, irgendwie schwer verständlich gewesen wäre, erhellt in keiner Weise. Vielmehr ist anzunehmen, dass, wenn der Monteur K. hieran Interesse gehabt hätte, von den Einrichtungen der Maschine eine so eingehende Kenntniss nehmen konnte, dass er im Stande war, dritten Personen solche Mittheilungen zu machen, dass sie dieselben benutzen konnten. —

[An dieser Stelle konstatirt das Reichsgericht, dass in keiner Weise nachgewiesen sei, dass für die beiden Zeugen K. und J. kundbar geworden wäre, dass B. die fraglichen Einrichtungen als sein Fabrikgeheimniss angesehen wissen wollte.]

— — — Zeuge J., ein Kunstschlosser, hat in den Jahren 1886—1888 die Schmiedetheile an der Nagelmaschine für B. gefertigt. Er hat in dieser Zeit nach seiner Aussage die Maschine so genau kennen gelernt, dass er sogar die Maschine im Ganzen hätte nachmachen können, wenn er die Modelle zu den Gusstheilen gehabt hätte. Darum handelt es sich aber garnicht. Es handelt sich allein darum, dass dieser Sachverständige eine durch Nichts gehinderte oder beschränkte Kenntniss von den Einrichtungen thatsächlich erlangt hat, welche später zum Patentschutz angemeldet sind." — —

33. Entscheid. d. P.A. vom 19. 3. 1895. Osterrieth-Gareis Bd. I, S. 52 ff. — Blatt f. Pat.- etc. Wesen Bd. I S. 221—223.

„Einsprecher behauptet die in Rede stehende Neuerung sei vor dem 16. Juni 1890, dem Tage der Anmeldung im Inlande so offenkundig benutzt, dass danach die Benutzung durch andere Sachverständige möglich erscheint und zwar in den Fabriken:

a) des Anmelders E. G. in A.
b) der Firma L. H. in E.
c) der Firma B. u. Sohn in M.

Insoweit Einsprecher für diese Behauptung Beweis angetreten hat, ist dieser nach den Ergebnissen seiner Erhebung als missglückt anzusehen.

Zu a. Dafür, dass der Anmelder in seinem industriellen Unternehmen von den bei ihm beschäftigten Personen die Geheimhaltung der fraglichen Rauhmaschine nicht ohne Weiteres verlangt hat, fehlt es an jedem Anhalt. Einsprecher hat in dieser Hinsicht es nicht einmal versucht, Beweismittel anzugeben, vielmehr sich ausschliesslich auf die Deduktion beschränkt, dass in einer Fabrik mit zahlreichem und häufig wechselndem, technisch geschultem Personal die Geheimhaltung der fraglichen Maschine „praktisch undurchführbar", übrigens auch nicht ernstlich versucht sei. Auf letzteren Punkt soll alsbald eingegangen, bezüglich der Behauptung der praktischen Undurchführbarkeit der Geheimhaltung einer neuen Erfindung in einer grossen Fabrik aber bemerkt werden, dass Einsprecher damit die Möglichkeit der Ausbildung eines gewerblichen Geheimnisses zu einer patentfähigen Erfindung für jede grössere industrielle Anlage leugnet.

Diese Meinung würde zu der unhaltbaren Folgerung führen, dass für einen grossen Theil gewerblicher Unternehmungen und gerade der bedeutendsten unter diesen, der Patentschutz keine Bedeutung habe. Sie muss daher als irrig abgelehnt werden. — — —

— — [An dieser Stelle werden Umstände angeführt, aus denen das Patentamt schliesst, dass in der Fabrik des Anmelders sehr wohl bekannt gewesen sei, dass die Maschine geheim gehalten werden sollte.] — — —

— — — Aber auch in der Thatsache, dass der Anmelder nachweislich an zwei Firmen die angemeldete Rauhmaschine verkauft hat, lässt sich nach Lage des Falles eine offenkundige Vorbenutzung nicht erblicken — — —.

[An dieser Stelle wird nachgewiesen, dass beide Käufer, B. u. Sohn zu M. und L. E. zu H., die Verpflichtung zur Geheimhaltung der Maschine übernommen und wie sich auch aus Folgendem ergiebt, thatsächlich eingehalten haben.]

— — — Zu b. Die Firma L. H. hat nach dem eidlichen Zeugniss ihres Inhabers L. H. für die Geheimhaltung der Maschine in der Weise gesorgt, dass nicht nur an den Zugangsthüren ihrer Fabrikräume ein Eintrittsverbot angebracht, sondern auch gemessene Weisung gegeben war, fremden Personen auf Begehren nicht ohne besonderes Vorwissen des Inhabers die Besichtigung der Fabrik zu gestatten. Die Firma hat die fragliche Maschine übrigens erst am 12. Mai 1890, also nur fünf bis sechs Wochen vor der Anmeldung zum Patente erhalten und es ist bis zum Anmeldetage auch ein Fremder in der Fabrik nicht gewesen. — — —

— — Unter diesen Umständen kann es nicht zweifelhaft sein, dass auch die Angestellten der Firma L. H., obwohl ihnen ein besonderes Schweigverbot nicht auferlegt war, sich bewusst waren, dass es sich hier um ein Betriebsgeheimniss handle, welches zu wahren sich für das Betriebspersonal von selbst verstand. Es erübrigt sich sonach, auf die weitere Frage einzugehen, ob das Betriebspersonal, selbst wenn ihm nicht bewusst gewesen wäre, dass ein Betriebsgeheimniss vorliege, überhaupt im Stande gewesen wäre, die sehr versteckt in der Rauhmaschine liegende Putzvorrichtung so zu erkennen, dass ihm die Nachbenutzung möglich gewesen wäre.

Zu c. Bei der Firma B. u. Sohn endlich ist die angemeldete Maschine am 21. Juni 1889, also etwa ein Jahr vor der Anmeldung, zur Lieferung und Aufstellung gekommen und jedenfalls bis zum Anmeldetage als Betriebsgeheimniss behandelt.

— — — — Der eidlich vernommene Zeuge D., welcher von Ende November 1885 bis Ende September 1889 bei der Firma als kaufmännischer Expedient thätig war, ist bei seiner Anstellung ausdrücklich auf die Geheimhaltung der Geschäftsgeheimnisse hingewiesen. Wenn er nicht auch besonders zur Geheimhaltung der Betriebsgeheimnisse verpflichtet worden ist, so hatte das lediglich seinen Grund darin, weil sein Principal nicht annahm und bei dem absichtlichen Schweigen des Zeugen dem Principal gegenüber auch nicht annehmen konnte, dass D. auch, wie thatsächlich allerdings der Fall, technisch so weit vorgebildet war, um die Einrichtung an Rauhmaschinen zu erkennen. Aus der von dem Einsprecher provocirten Aussage dieses Zeugen geht klar hervor, dass ihm, wie auch dem anderen Personal wohl bekannt war, es handle sich bei der vom Anmelder gelieferten Rauhmaschine um ein Geheimniss. Heimlich und ohne Vorwissen, ja jedenfalls gegen den Wunsch seines Principals hat Zeuge sich diese Rauhmaschine wiederholt so genau angesehen, dass er zu ihrer Nachbenutzung sich für fähig hielt. Es mag ganz dahingestellt bleiben, ob der Zeuge sich etwa über seine Fähigkeit wenigstens für die hier allein belangreiche Zeit vor der Anmeldung getäuscht hat, jedenfalls war für ihn die Möglichkeit der Nachbenutzung nicht eine Folge der Offenkundigkeit der Vorbenutzung, sondern vielmehr nur dadurch erzielt, dass er trotz der Heimlichkeit der Vorbenutzung sich Kenntniss von den Einrichtungen der Maschine verschaffte. Die auf diese Weise erlangte Fähigkeit der Nachahmung ist niemals patenthindernd. Patenthindernd ist nach dem Wortlaute des Gesetzes vielmehr nur diejenige Möglichkeit der Nachahmung, für welche die Offenkundigkeit der Vorbenutzung kausal ist. — — — — — — — — — — — — — — — — —

— — Hiernach fehlt es an jedem Beweise für das Vorliegen einer patenthindernden Vorbenutzung der angemeldeten Erfindung.

Die von dem Einsprecher in Bezug genommenen Vorentscheidungen des Reichsgerichts und des Patentamtes haben sämmtlich andere Voraussetzungen und sind daher ohne Bedeutung für die Beurtheilung des hier vorliegenden Thatbestandes. In dem — — — Erkenntnisse des Reichsgerichts vom 29. 1. 1890 [angeführt oben unter No. 24] ist ausdrücklich gesagt, dass der Fabrikant die dort in Frage stehende Maschine

Endlich ist auch die Thatsache, dass der Apparat vor der Vorführung auf der Bühne des Edentheaters anderen Personen zugänglich gewesen sei, unerheblich, da in dieser blossen Aufstellung des Apparates, ebensowenig, wie in der Betrachtung desselben durch sämmtliche Zuschauer während der Vorstellung eine Benutzung desselben erblickt werden kann.“

35. Entscheid. d. R.G. vom 14. 7. 1897. Osterrieth-Gareis Bd. 2 S. 28ff. — Blatt f. Pat. etc. Bd. III S. 208.

„Bei diesem Beweisergebniss würde an dem Vorhandensein der Voraussetzungen einer offenkundigen Vorbenutzung des Patentgegenstandes nicht zu zweifeln sein, wenn für diejenigen Personen, welche von der Benutzung, Einrichtung und Wirkungsweise der F.'schen Maschine Kenntniss erlangt haben, insbesondere für die beiden Techniker E. und H. diese Kenntnisserlangung nicht mit der Verpflichtung zur Verschwiegenheit verknüpft war. Wie in dieser Beziehung die Verhältnisse gelegen haben, mag indess auf sich beruhen bleiben. Unbedenklich kann angenommen werden, dass, wenn für jene Personen eine solche Verpflichtung bestand, sie deren später überhoben wurden, da die Fabrikleitung durch die Aussergebrauchsetzung der Maschine, die Art und Weise der Aufbewahrung ihrer Bestandtheile und die Ueberlassung einer der Polirvorrichtungen an den Maschinenfabrikanten E. unzweideutig zu erkennen gab, dass ihr an einer Geheimhaltung dessen, was bis dahin vielleicht geheim hatte bleiben sollen, nichts mehr gelegan war. Thatsächlich hat dann ja auch E. keinen Anstand genommen, einem Werkmeister der Sch.'schen Bleistiftfabrik von dem Mechanismus und der Arbeitsweise der Polirvorrichtung Kenntniss nehmen zu lassen.

Damit ist aber der Thatbestand der Offenkundigkeit der Benutzung im Sinne des § 2 des Patentgesetzes gegeben. Denn es kann keinen Unterschied machen, ob schon während die Benutzung stattfand, oder seit ihrer Einstellung den zur Mitwissenschaft Gelangten unverwehrt war, von ihrer Kenntniss nach Gutdünken Gebrauch zu machen. Was in dem einen Fall von Anfang an offenkundig war, ist dies in dem andern hinterher geworden, hier wie dort auf solche Weise, dass „danach die Benutzung durch andere Sachverständige möglich erschien."

36. Entscheid. d. R.G. vom 8. 6. 1898. — Blatt f. Patent- etc. 1899, Bd. 4 S. 208.

„Wenn auch nach Inhalt der schon in erster Instanz vorgelegten Korrespondenz anzunehmen sein mag, dass der Nichtigkeitsklägerin vom Beklagten bei Bestellung des für G. & Co. bestellten Hammers Geheimhaltung auferlegt ist, so hat sie doch ihrerseits unterlassen, ihre Beamten und Arbeiter in gleicher Art zu verpflichten auch keine Einrichtungen getroffen, in Folge deren die Arbeiten, abgesehen von den unmittelbar mit denselben betrauten Personen, dem Anblick der übrigen entzogen wurden. — — —

— — — — Aber auch von Dritten zu der Klägerin in keinem Abhängigkeitsverhältnisse stehenden Personen ist der Hammer besichtigt. — — —

— — — Ob der Hammer vor der Anmeldung des Patentes vollständig fertig geworden ist, entscheidet nicht, es ergiebt sich dies aber auch genügend aus den Aussagen der vernommenen Zeugen. Insbesondere wird es von K. bestätigt —

— — — — Ob die Besichtigung von Seiten der Personen, welche ausser dem Fabrikpersonal den Hammer gesehen haben, gerade in die letzte Zeit vor seiner Vollendung fällt, ist nicht erwiesen, soviel erhellt aber, dass sie gerade die Elemente der Einrichtung, welche in ihrer Verbindung die Patentfähigkeit begründen, zu erkennen im Stande gewesen sind. — — —

— — — Eine blosse Probeausführung der Erfindung, wie das Patentamt sie annimmt, liegt nicht vor. — — — — Durch eine zum Zwecke des Verkaufs erfolgte Herstellung des Apparates aber ist die Erfindung in Benutzung genommen. Und zwar muss die Benutzung in dem Augenblicke als gegeben angesehen werden, in welchem zuerst der erfinderische Gedanke in dem Werke überhaupt seine Verkörperung findet, so zwar, dass die ausführende Thätigkeit, mag sie sich auch der Vollendung noch nicht nähern, doch in ihrer individuellen Art und Richtung erkennbar den Beginn des zur endlichen vollständigen Herstellung führenden Weges darstellt.

36a. Entscheid. d. R.G. v. 17. 5. 1899. Blatt f. Patent- etc. Wesen 1899, Bd. 5 No. 10 S. 263—265. Betr.: Patent 71 102. Verfahren zur Herstellung von feuersicheren Eisenbalkendecken.

„Entscheidend für die Beurtheilung dieser angeblichen Vorbenutzung ist aber sodann ein weiterer Umstand. Die Ausführungen fallen in die Jahre 1854, 1855 bis 1858. Stellen sie wirklich die Erfindung des angefochtenen Patentes dar, so hat doch Simon selbst den Gedanken derselben entweder nicht erkannt, oder nicht kundgethan. Unstreitig ist er auf dem Gebiete des Bauwesens durch Vorträge und litterarisch thätig; gleichwohl hat er in den dreissig bis vierzig Jahren seit den Bauausführungen kein Wort davon gesagt, dass er eine Lösung der lange gestellten Aufgabe, um die es sich bei dem Patent handelt, gefunden habe, obwohl ihm die Bedeutung der Aufgabe und ihrer Lösung unmöglich fremd sein konnte. Völlig ausgeschlossen erscheint die Annahme, dass die zahlreichen technischen Sachverständigen, die nach der Behauptung des Klägers die Bauausführungen an der Michaelkirche gesehen haben, insbesondere der ausführende, als besonders bedeutend bezeichnete Maurerpolier, nachherige Maurermeister M. den Gedanken der Erfindung erkannt habe, oder auch nur habe erkennen können. Es ist einleuchtend, dass M., der bei der Ausführung die Erfindung am besten erkennen konnte, sie als Maurermeister zur Ausführung gebracht hätte, wenn er sie erkannt hätte.

Danach kann mindestens von einer offenkundigen Vorbenutzung der Erfindung nicht die Rede sein.

36b. Entscheid. d. P.A. vom 1. VI. 1899.

„Die Klage stützt sich auf § 10 Z. 1 in Verbindung mit § 2 Abs. 1 des Patentgesetzes, indem die Klägerin behauptet, der Gegenstand des angegriffenen Patentes sei zur Zeit der Anmeldung nicht mehr neu gewesen, sondern sowohl durch öffentliche Druckschriften bekannt, als auch mehrfach offenkundig vorbenutzt worden; ferner mangele dem patentirten Verfahren auch die gewerbliche Verwerthbarkeit, insofern als mit den in der Patentschrift angegebenen Mitteln ein marktfähiges Cyankalium nicht zu erzielen sei. Abgesehen hiervon sei die Nichtigerklärung auch deshalb geboten, weil die Patentschrift die Mittel zur Auspressung nicht angebe und so die nach § 20 Abs. 1 erforderliche Klarheit vermissen lasse. Keiner dieser Klagegründe ist für gerechtfertigt zu erachten.

Das Wesen des angefochtenen Patents besteht darin, das Cyankalium durch mechanische Auspressung der über den Schmelzpunkt des Cyankalis hinaus erhitzten Schmelzenrückstände zu gewinnen. In den von der Klägerin angeführten Litteraturstellen ist dagegen nirgends von einer mechanischen Auspressung feurigflüssiger Bestandtheile aus einer schwammigen grossen Masse, wie sie die Rückstände der Cyanalkalienschmelzen bilden, die Rede. — — —

— — — Den Beweis für die offenkundige Vorbenutzung hat die Klägerin ebenfalls nicht zu erbringen vermocht. Von den beiden Firmen, deren Inhaber dafür als Zeugen benannt sind, scheidet zunächst die Chemische Fabrik zu B. aus, nachdem der von der Klägerin selbst als Zeuge vorgeschlagene Direktor D. unter seinem Eide bekundet hat, dass das den Gegenstand des angefochtenen Patentes bildende Verfahren in der von ihm geleiteten Fabrik überhaupt niemals Verwendung gefunden hat.

Bezüglich der deutschen Gold- und Silber-Scheideanstalt in F. sind die Parteien darüber einig, dass dort das streitige Verfahren vor der Patentanmeldung längere Zeit hindurch benutzt worden ist. Diese Benutzung kann indessen als eine „offenkundige" im Sinne des Patentgesetzes nicht angesehen werden, vielmehr hat die stattgehabte Beweisaufnahme ergeben, dass die Ausübung des Verfahrens in dieser Anstalt stets geheim gehalten worden ist. Wie die beiden Zeugen M. und R., gegen deren Glaubwürdigkeit keine Bedenken obwalten, unter ihrem Eide übereinstimmend bekundet haben, wurde das streitige Verfahren stets als ein Geschäftsgeheimniss behandelt und in abgesonderten Räumen ausgeübt, die im Gegensatz zu den übrigen Fabrikräumen der Besichtigung durch Fremde entzogen waren, und deren Betreten durch einen Anschlag verboten war. Nur in wenigen Ausnahmefällen wurde Fremden der Zutritt gestattet und ihnen dann regelmässig die Geheimhaltung zur Pflicht gemacht. Dass auch den Beamten und Arbeitern der Fabrik die Pflicht der Geheimhaltung des Ver-

Mittel zur Auspressung seien in der Patentschrift nicht genügend klar angegeben, um danach die Benutzung der Erfindung durch einen Sachverständigen zu ermöglichen, so vermag ihr die Nichtigkeits-Abtheilung auch in diesem Punkte nicht zu folgen. Denn dass die Patentschrift thatsächlich keine Unklarheiten aufweist, geht daraus hervor, dass die stattgehabte Vorführung genau nach den Anordnungen der Patentschrift vorgenommen ist und in ihrem Ergebniss den an die Erfindung gestellten Anforderungen entsprochen hat.

Hiernach war die erhobene Klage als unbegründet abzuweisen.

Die Kosten des Verfahrens fallen der Klägerin als dem unterliegenden Theile zur Last."

[Hierzu ist No. 36c zu vergleichen.]

36c. Entscheid. d. R.G. vom 28. V. 1900.

[Durch diese Reichsgerichtsentscheidung ist die vorstehend unter 36b angeführte Entscheid. d. P.A. dahin abgeändert worden, dass das angefochtene Patent für nichtig erklärt worden ist.]

Entscheidungsgründe:

„Dass der Gegenstand des Patentes No. . . . zur Zeit der Anmeldung nicht bereits durch öffentliche Druckschriften aus den letzten hundert Jahren derartig beschrieben war, dass hiernach die Benutzung durch andere Sachverständige möglich gewesen wäre, hat die mit der Berufung angefochtene Entscheidung des Kaiserlichen Patentamtes mit Recht angenommen. — — —

— — — Dagegen ist durch die vor dem Berufungsgerichte gepflogene Beweiserhebung der überzeugende Beweis dafür geliefert worden, dass das Verfahren, welches den Gegenstand des angegriffenen Patentes bildet, bereits zur Zeit der Anmeldung vom 6. Juli 1895 im Inlande so offenkundig benutzt war, dass danach die Benutzung durch andere Sachverständige möglich erschien.

Darüber, dass das streitige Verfahren bereits längere Zeit vor der Patentanmeldung in der Gold- und Silber-Scheideanstalt zu F. zur Gewinnung von Cyankali aus Schmelzrückständen thatsächlich benutzt worden ist, sind die Parteien schon in der ersten Instanz einig gewesen. — — —

— — — Dass nun aber dieses Pressverfahren, welches die erhöhte Ausbeute an Cyankali ermöglichte, in der Gold- und Silber-Scheideanstalt stets nur als ein geheimes benutzt worden sei und vor der Anmeldung des Patentes No.... nicht offenkundig wurde — wie das Kaiserliche Patentamt in der angefochtenen Entscheidung annimmt — lässt sich nach den Resultaten, welche die Verhandlung vor dem Berufungsgerichte ergeben hat, nicht mehr als thätsächlich begründet festhalten. Zwar ist es richtig, dass die Fabrikdirektoren das Pressverfahren als ein Geheimniss betrachtet haben, wenngleich es unterlassen wurde, den gesetzlich gewährleisteten Schutz durch Erwirkung eines Patentes für die Erfindung zu sichern. Indessen waren die Maassregeln, welche zur Bewahrung des Geheimnisses getroffen waren, nicht geeignet, die ohne Patentirung des Verfahrens bestehende Gefahr abzuwenden, dass, was ursprünglich geheim war, allmählich offenkundig wurde. Es kam vor, dass einzelnen Personen, welche ein wissenschaftliches Interesse hatten, auch der Zugang zu den Räumen, in welchen die Herstellung des Cyankalis und die Anwendung des Pressverfahrens erfolgte, der Zutritt gestattet wurde, im Vertrauen, dass sie Diskretion üben würden. So war dies bei dem Docenten Dr. N. der Fall, auch der Oberingenieur W. kam in die Räume, in welchen die Pressen standen und konnte von denselben Kenntniss nehmen, ohne darauf hingewiesen zu sein, dass Geheimhaltung der Wahrnehmungen geboten sei. Dem Theilhaber Z. der Firma H. & Z. in W. wurde im Jahre 1892, als er über die Einführung des Verfahrens in seiner Fabrik unterhandelte, zugleich mit dem miterschienenen Fabrikeninspektor das Pressverfahren gezeigt, ohne dass die Beweiserhebung ergeben hat, dass eine Geheimhaltung des Gesehenen ihnen ausdrücklich auferlegt worden wäre. Die Zahl der Arbeiter, welche in der Schmelze und bei dem Abpressen beschäftigt waren, betrug anfänglich nur 2 bis 4, steigerte sich aber bis zum Jahre 1894 auf etwa 40; sie wussten nach der Bekundung des Werkmeisters A., dass es sich bei der Abpressung um ein geheim zu haltendes Verfahren handelte, wenngleich nur den älteren Arbeitern und von den jüngeren einem Theil gesagt wurde, dass von dieser Sache nicht gesprochen werden dürfe; es ist indessen nicht erwiesen, dass ein Arbeiter das Geheimniss kund gegeben hätte, sondern im Gegentheil dargethan, dass ein Versuch, einen Arbeiter zum Bruche des Geheimnisses zu bewegen, misslang. Dass die in der Fabrik angestellten Chemiker und die darin beschäftigten Laboranten, auch wenn sie nicht speciell bei der Fabrikation von Cyankali beschäftigt waren, zu den Räumen, in welchen das Pressverfahren ausgeübt wurde, freien Zutritt hatten, ist allerdings an sich noch nicht geeignet, die Offenkundigkeit des Verfahrens herbeizuführen, solange die Diskretion, welche die Besitzer und Leiter der Fabrik von den Bediensteten voraussetzen und erwarten zu können glaubten, auch wirklich beobachtet wurde.

Es ist nun aber die Thatsache festgestellt, dass durch die Handlungsweise des Chemikers Dr. E., welcher vom Januar 1882 bis zum April 1886 in der Gold- und Silber-Scheideanstalt angestellt war, das in derselben benutzte Pressverfahren zur vollkommenen Gewinnung von Cyankali aus Schmelzen derartig bekannt gemacht wurde, dass es zu einem offenkundig benutzten geworden ist. Nach der eidlichen Aussage des Dr. E., welcher der Senat trotz des Interesses des Letzteren am Ausgange des Rechtsstreits Glauben schenkt, zumal ihr Inhalt durch andere Zeugen in wichtigen Punkten bestätigt ist, war es ihm während seiner Wirksamkeit in der genannten Fabrik, in welcher er eine nicht mit der Gewinnung von Cyankali befasste Abtheilung zu leiten hatte, nicht verwehrt, von den Vorgängen in der Cyankalischmelze Kenntniss zu nehmen, die dort aufgestellten Pressvorrichtungen zu besichtigen und insbesondere bei Abwesenheit des Fabrikdirektors M., als dessen Vertreter er sich betrachtete, genauere Wahrnehmungen zu machen. Dr. E. hat nun, wie er bekundet, seine Stellung in der Fabrik dahin aufgefasst, dass er zwar während der Dauer seines Dienstverhältnisses verpflichtet gewesen sei, das ihm bekannt gewordene Betriebsgeheimniss zu bewahren, dass ihm aber keinerlei rechtliche Verpflichtung obgelegen habe, dies auch nach seinem Austritte aus der Fabrik noch zu thun. Nach diesem Zeitpunkte habe es ihm gesetzlich freigestanden, alle Erkenntnisse und praktischen Erfahrungen, welche er in seiner Stellung gewonnen hatte, nach seinem Belieben vollkommen frei zu verwerthen. Von dieser Auffassung seiner Verpflichtung ausgehend, hat Dr. E. nach seinem Austritte aus der

Gold- und Silber-Scheideanstalt auch gehandelt. Er hat, wie er selbst sagt, einer grossen Anzahl von Personen das in der Gold- und Silber-Scheideanstalt geübte Verfahren zur möglichst lohnenden Gewinnung von Cyankali, grösstentheils gegen Entgelt, mehrmals aber auch ohne solches zur weiteren Verwerthung mitgetheilt, und zwar vor der Anmeldung des angefochtenen Patentes. Es ist insbesondere festgestellt, dass er das Verfahren bereits im Jahre 1888 gegen eine einmalige Zahlung von 1000 Mark und einige weitere Zahlungen an den Fabrikanten A. K. in L. mitgetheilt und von der mechanischen Werkstätte von O. in F. für K. Tiegel mit einer geeigneten Pressvorrichtung bezogen hat. K. hat dann in den Jahren 1888 bis 1890/91 das Verfahren nach den Angaben des Dr. E., welche sich auch auf den Zusatz von Soda und Pottasche bezogen haben, als ein geheim zu haltendes angewendet; im Januar 1891 wurde es sodann von der Firma K. an zwei Chemiker, die sich selbständig machten, abgetreten und diese haben es fortgesetzt. Zu Anfang des Jahres 1893 hat Dr. E. dasselbe Verfahren, welches er an eine Londoner Firma zu verkaufen bestrebt war, dem Chemiker Erwin S. in M. bekannt gegeben und eine Beschreibung beigefügt, wobei er die in einem Briefe vom 13. März 1893 ihm auch ertheilte Bestätigung verlangte, dass das Verfahren geheim gehalten werde. In der ersten Hälfte des April 1894 hat Dr. E. das Verfahren, welches in einer ausführlichen Bearbeitung beschrieben war, und sich sowohl auf das Zusammenschmelzen von Ferrocyanalkalien mit Soda als mit metallischem Natrium erstreckte, den Chemikern Dr. R. und Dr. F. in F., in deren Laboratorium er damals arbeitete, aus freien Stücken und ohne die Auferlegung irgend einer Pflicht zur Geheimhaltung zur Verwerthung mitgetheilt und überlassen und ihnen dabei auch angegeben, dass Kohlenstoffeisen als Filtrirmaterial anzuwenden sei.

Auch an Dr. B. in W., Dr. Sch. in T. und W., damals in P., hat Dr. E. das Verfahren bereits vor dem Jahre 1895 mitgetheilt. Die Form, in welcher seine Mittheilungen dem Kerne der Sache nach erfolgt sind, lässt sich nach seiner Angabe aus dem von ihm übergebenen roth korrigirten Exemplar der Patentschrift entnehmen, aus welcher ersichtlich ist, dass seine Mittheilungen alle wesentlichen Punkte des dann von W. ohne

Vorwissen des Dr. E. zum Patente angemeldeten Verfahrens zum Gegenstande hatten. Die Berufungsklägerin behauptet allerdings, dass sie oder W. die Mittheilung einem Professor der Chemie in F. und dem Dr. M. selbst verdanke. Fasst man aber die hiernach festgestellten Thatsachen zusammen und berücksichtigt man, dass die Zahl der Firmen, welche sich mit der Herstellung von Cyankali in Deutschland befassten, immerhin eine sehr beschränkte ist, so ergiebt sich die Schlussfolgerung, dass thatsächlich zur Zeit der Anmeldung des Patentes No. . . . ., dessen Nichtigerklärung beantragt ist, das den Gegenstand desselben bildende Verfahren im Inlande so offenkundig benutzt war, dass danach die Benutzung durch andere Sachverständige möglich erschien. Das Verfahren wurde dadurch offenkundig, dass Dr. E. dasselbe schriftlich und mündlich in einer Weise, nach welcher der Sachverständige arbeiten konnte, meist gegen Vergütung, aber auch ohne dieselbe, zum Theil mit Auferlegung der Geheimhaltungspflicht, aber mehrfach auch ohne Auferlegung einer solchen, weiteren Kreisen vor der Patentanmeldung zugänglich gemacht hat. Es lässt sich annehmen, dass jeder Interessent, welcher das Verfahren anwenden wollte, dasselbe, wenn er den von E. geforderten Preis bewilligte, von diesem vor der Anmeldung zum Patent erfahren konnte. Danach war in Wahrheit zur Zeit der Anmeldung das Verfahren, für welches der gesetzliche Schutz begehrt wurde, nicht mehr neu.

An dieser Thatsache wird auch dadurch nichts geändert, dass in der W.'schen Anmeldung von der Verwendung eines Filtrirmateriales, wie es in der Gold- und Silber-Scheideanstalt regelmässig zur Anwendung kam und auch von Dr. E. den Interessenten empfohlen wurde, nicht die Rede ist. Denn die Nichtverwendung einer Filtrirmasse, wie sie von der Nichtigkeitsbeklagten jetzt als eine Eigenthümlichkeit des bei ihr gehandhabten Verfahrens betont wird, ist in der Patentanmeldung nicht unter Schutz gestellt, und die Verwendung der Filtrirmasse in der Gold- und Silber-Scheideanstalt erfolgte nach dem Zeugniss des Direktors M. in der schon vor dem 6. Juli 1895 gewonnenen Erkenntniss, dass das Abpressungsverfahren zwar ohne die Verwendung von Filtrirmaterial auch geht, aber schlechter geht.

Hiernach war das angefochtene Patent No. . . . . für nichtig zu erklären; die Kosten der ersten Instanz, wie die des Berufungsverfahrens fallen der Nichtigkeitsbeklagten zur Last.

XI. Die Bedeutung des Wortes benutzt im § 2.

Ebenso wie in den Entwürfen der Vereine und in dem Beschlusse der Enquête-Sachverständigen v. J. 1876 ist schon in den auf Seite 40 angeführten Fragen, die vor der Enquête den Betheiligten schriftlich zugestellt worden sind, eine Trennung zwischen dem Bekanntwerden „durch den Betrieb“ und einem „anderweitigen“ Bekanntwerden zu bemerken.

Enquêtefragen v. J. 1876.

Besonders zu beachten ist, dass in der Frage IIIc unterschieden ist zwischen „bereits gekannt“ und „nicht nur gekannt, sondern auch wirklich benutzt“. (An dieser Stelle ist jedoch nur von einem „Benutzen im Geheimen“ die Rede.) Da weder in den Motiven noch in den Reichstags- und Reichstagskommissionsverhandlungen ein Wort davon gesagt ist, dass das neue Gesetz hinsichtlich der wichtigen Vorschrift „oder anderweitig bekannt“ mit dem bis dahin geltenden Rechte im Widerspruch stehen soll, vielmehr in den Motiven auf die Uebereinstimmung hingewiesen ist, so ist die Wahrscheinlichkeit dafür, dass der Gesetzgeber den § 2 erschöpfend gemeint habe, ziemlich gering.

Wenn § 2 nicht erschöpfend ist.

Nimmt man an, die Bestimmung sei nicht erschöpfend gemeint, so wird man schliessen können, dass das „offenkundig benutzt“, dessen scharfe Abgrenzung gegen das „anderweitig bekannt“ in diesem Falle nicht wichtig wäre, ungefähr mit dem „durch offenen Betrieb bekannt“ der Vorgänge gleichbedeutend sein sollte.

Für diese Annahme spricht sehr der Umstand, dass in dem auf Seite 15 angeführten Votum der Minderheit geradezu in demselben Satze „benutzt“ und „Betrieb der Sache“ einander entsprechen und dass es in diesem Votum heisst: „dürfe“ (nicht „müsse“), entsprechend dem „oder anderweit“ in dem auf S. 40 angeführten Votum der Majorität der Sachverständigen.

Will man aber trotz Allem an der Ansicht festhalten, dass schon der Gesetzgeber den Paragraphen erschöpfend gemeint habe, so hat man — da eine Absicht des Gesetzgebers, die bis dahin in Geltung gewesene Rechtsnorm hinsichtlich des Neuheitsbegriffes wesentlich zu ändern, nach dem Wortlaute der Bestimmung nicht vorausgesetzt zu werden braucht und nach der Fassung der Motive nicht vorausgesetzt werden darf — keinen Grund, anzunehmen, dass das „benutzt“ nicht jedes andere Benutztsein der Erfindung bedeutet, denn dass man eine Erfindung auch anders als in einem Betriebe benutzen kann, ist klar. Man hat keinen Grund, anzunehmen, die Erfindung solle nur dann als benutzt gelten, wenn der Erfindungsidee gemäss materiell verfahren, oder dergemäss materiell etwas erzeugt ist.

„Ausnutzen.“

Diese Auslegung wäre für das Wort ausnutzen, das der Gesetzgeber im § 5 (1. Absatz, 2. Satz) braucht, vielleicht zulässig, aber für das Wort benutzen steht sie mit dem Sprachgebrauche im Widerspruch. Ebensowenig hat man einen Grund, anzunehmen, mit dem Worte sei nur ein Gebrauchen gemeint, das Jemandem materielle, wirthschaftliche oder überhaupt äusserliche Vortheile bringe. Man spricht auch von benutzen, wenn der Benutzende, in einem Irrthume befangen, mit seiner Thätigkeit gewisse, vielleicht unerreichbare Ziele verfolgt und ihm dabei Vortheile in anderer Richtung entstehen, die er nicht beabsichtigt hat — er hat etwas „unbewusst benutzt“. Es muss deshalb als gleichgültig angesehen werden, ob sicher erkennbar ist, was die Absicht des Benutzenden war.

„Unbewusst benutzen.“

Entscheidend ist, ob ihm und dem Publikum, oder auch nur diesem zur Zeit der Anmeldung bereits bekannt gewesen ist, dass die den Gegenstand der Anmeldung bildende Erfindungsidee nicht blos in dem weitesten Sinne des Wortes irgendwie benutzt war, sondern auch gerade zur Lösung desjenigen Problems tauglich ist, für das sie angemeldet ist. (Vergl. die unter No. 36a angeführte Reichsgerichtsentscheidung.) Dass ein äusserlicher oder ein wirthschaftlicher Vortheil erreicht sein müsse, hätte vielleicht angenommen werden können, wenn in Anlehnung an den im § 1 gebrauchten Ausdruck „gewerbliche Verwerthung“ das Wort verwerthen im § 2 gebraucht worden wäre, aber „benutzen“, das stammverwandt mit „geniessen“ ist, braucht man durchaus nicht nur mit einem wirthschaftlichen Zwecke verknüpft zu denken. Freilich wird vor Allem auch darin ein Benutzen einer Erfindung zu sehen sein, dass ihr Gegenstand hergestellt, oder wenn es ein Verfahren ist, angewendet wird. Diese hervorragende Art des Benutzens nennt Jedermann das Zur-Ausführung-bringen der Erfindung. So würde auch der Gesetzgeber gesagt haben, oder er würde statt von der Erfindung vom „Gegenstande“ gesprochen haben, wenn er die Vorschrift darauf hätte beschränken wollen. Er weiss doch unter Ziffer 1 im § 11 des Patentgesetzes seinen Willen recht gut auszudrücken, indem er bestimmt: „Die Erfindung — — — zur Ausführung bringen oder — — — diese Ausführung zu sichern.“ Das ist um so mehr zu beachten, als in demselben § 11 unter Ziffer 2 wieder vom Benutzen gesprochen ist. Dies ist der viel umfassendere Begriff, der den besonderen des Zur-Ausführung-bringens u. A. mit einschliesst. In vielen Fällen, in denen es sich um dieses nicht handelt, sagt man doch, die Erfindung ist benutzt, z. B.:

„Verwerthen.“

„Zur Ausführung bringen.“

Verschiedene Arten des Benutzens.

a) Wenn sie im menschlichen Geiste mit einer anderen Idee so kombinirt worden ist, dass dadurch eine weitere Erfindung entstanden ist. Erfindungen werden doch nur im Geiste gemacht und man besitzt sie im Geiste. Weshalb sollten sie im Geiste nicht benutzt werden können? Dass dies geschehen ist, kann allerdings nicht offenkundig sein, wenn nicht noch ein weiteres Benutzen der Erfindung hinzugekommen ist, z. B.:

b) Indem Derjenige, der die weitere Erfindung gemacht hat, beide Erfindungen zu einem öffentlichen Vortrage benutzt hat, — (wenn in einer Erfindung eine andere bekannte oder angemeldete oder schon patentirte Erfindung benutzt ist, so wird unter Umständen nur ein Patent in entsprechender Beschränkung ertheilt), —

c) Wenn ein Konstrukteur die Erfindung bei dem Entwurfe einer Maschine, in der Konstruktionszeichnung, benutzt hat. Dass dies geschehen ist, kann, ohne dass die Zeichnung als Druckschrift veröffentlicht worden wäre, in der Gemeinde offenkundig geworden sein, z. B. in Folge einer öffentlichen Ausstellung der Original-Zeichnung.

d) Ein Fall, den Schanze anführt, aber nicht als Benutzung gelten lassen will, wenn der Erfinder, um seine Tüchtigkeit darzuthun, die Beschreibung seiner Erfindung Gesuchen beigelegt hat, in denen er sich um eine Anstellung bewirbt. Auch das Offenkundigsein dieser Thatsache ist denkbar.

e) Wenn die Beschreibung der Erfindung, z. B. das Recept zu einem den Gegenstand einer Erfindung bildenden chemischen Verfahren verkauft worden ist[17]).

---

[17]) Einen solchen Verkauf hat das Reichsgericht in einer Entscheidung vom 28. Febr. 1900 als Benutzen der Erfindung angesehen — s. Blatt f. Patent-, Muster- u. Zeichenwesen 1900, Bd. VI, No. 5 S. 200, rechte Spalte, Zeile 13 von unten u. ff.

Das Reichsgericht hat in dieser Entscheidung ausgeführt: „Nun ist aber dem Berufungsgerichte auch darin beizutreten, dass bei einem patentirten Verfahren ein „In-Verkehr-bringen und Feilhalten“

Das Wort „benutzen“ in anderen §§.

Das Wort benutzen und einige Wörter, die mit ihm verwandt sind, kommen im Patentgesetze ausser im § 2 noch in den §§ 5, 11, 20, 35, 36 u. A. vor. Schanze sagt hierzu: „Unsere Gesetzgebungstechnik steht nicht auf einer so hohen Stufe, dass die Gesetze auf einer sicheren durchgängig beobachteten Terminologie beruhten, dass der Gesetzgeber jedem Worte eine feste juristische Bedeutung beilegt. Es kann deshalb nicht auffallen, wenn der Begriff Benutzung, der uns an verschiedenen Stellen des P.G. begegnet, nicht immer der gleiche ist. Ueberdies ist die Redeweise des P.G. in keiner Weise absonderlich. Es bezeichnet verschiedenartige Maassnahmen mit dem einen Ausdrucke Benutzung, weil sie sämmtlich sehr wohl als einander nebengeordnete Modalitäten einer Benutzung im weiteren übergeordneten Sinne angesehen werden können. Worin die specifischen Merkmale der Benutzung im engeren Sinne liegen, ist eben den einzelnen Gesetzesbestimmungen zu entnehmen“.

„Benutzung durch andere Sachverständige.“

Im § 2 findet sich im Nachsatze noch der Ausdruck „Benutzung durch andere Sachverständige“, aber es muss der Ansicht Schanze's (a. a. O., I., 4) zugestimmt werden, dass daraus nicht geschlossen werden kann, bei dem Worte „benutzt“ im Vordersatz sei auch nur vorwiegend an ein Benutzen durch Sachverständige zu denken. In welchem engeren Sinne das Wort „Benutzung“ gemeint ist, kann ganz dahin gestellt bleiben, weil es für die Bedeutung, die dem Worte „benutzt“ zukommt, durchaus nicht maassgebend ist.

Wenn § 2 erschöpfend ist.

Angenommen — nicht zugegeben —, § 2 sei vom Gesetzgeber im Jahre 1877 „erschöpfend“ gemeint gewesen: Aus den Motiven der Gesetzesvorlage, aus den Berichten über die Reichstags-, Kommissions- und Enquêtebera-

darin zu erblicken ist, dass ein Unberechtigter innerhalb der Schutzfrist das Recept eines ihm durch die Patentschrift bekannt gewordenen Verfahrens, um es gewerblich zu verwerthen, an Interessenten gegen Entgelt weiter giebt.“

thungen ist ohne Weiteres nicht zu ersehen, was ausschliesslich der engere Sinn des Wortes benutzt sein soll, wenn auch hier und da von manchen Arten des Benutzens die Rede ist, die zweifellos mit darunter fallen sollen. Man wird deshalb auf die Frage zurückgreifen müssen: Was kann denn eigentlich die Absicht des Gesetzgebers gewesen sein, als er das Wort benutzt in den erschöpfend gemeinten Paragraphen gesetzt hat, d. h., weshalb hat er nicht blos „offenkundig ist“ oder, wie die Vereine wollten, „im Deutschen Reiche bekannt und nicht von Allen, die sie kennen, geheim gehalten ist“ gesetzt?

Standpunkt mancher Praktiker.

Ist vielleicht der Standpunkt derjenigen Praktiker eingenommen worden, die verlangen, eine Erfindung im Sinne des Patentgesetzes solle überhaupt erst dann als vorliegend anerkannt werden, wenn der Erfindungsgedanke wirklich zur Ausführung gebracht, also das erfundene Erzeugniss hergestellt, oder das erfundene Verfahren praktisch durchgeführt worden ist? Es mag wohl schon im Jahre 1877 Praktiker gegeben haben, die der Meinung waren, denn diese Forderung wurde sehr energisch in der Enquêteberathung im Jahre 1886 durch Kommercienrath Langen aus Köln und andere Sachverständige nach Beschlüssen einer grossen Partei rheinisch-westphälischer Industrieller vertreten. Für eine solche Annahme liesse sich nicht etwa die Erwägung anführen, dass es doch auch den Wünschen des Gesetzgebers entsprechen müsse, die Erfindungen nicht blos im Inlande bekannt, sondern auch zur Ausführung gebracht zu sehen (§ 11), denn erstens kann dem Gesetzgeber die Ausführung doch nur erwünscht sein, wenn damit auch ein volkswirthschaftlicher Nutzen erreicht wird, nicht, wenn sie durchaus unrentabel ist, zweitens darf man daraus, dass der Gesetzgeber das Patent für jede nach 3 Jahren nicht zur Ausführung gebrachte Erfindung zurücknehmen will, doch gar nicht schliessen, dass er Erfindungen nur dann nicht patentiren will, wenn sie ausgeführt sind. Die oben gestellte Frage muss aber verneint werden, weil nach demselben Paragraphen 2 eine Erfindung auch schon nicht als neu gelten soll, wenn sie nur in öffentlichen Druckschriften genügend beschrieben ist. Ist die noch nicht zur Ausführung gebrachte Erfindung schon als Gemeingut anzusehen und als solches nicht mehr patentfähig, wenn dem Publikum beständig die Möglichkeit geboten ist, die Erfindung aus einer Druckschrift kennen zu lernen, so sollte sie doch wohl erst recht nicht patentfähig sein, wenn nachgewiesen ist, dass sie dem Publikum sogar schon genügend bekannt ist?

Hier, hinter dem Worte „nachgewiesen", könnte eine Erklärung dafür zu finden sein, weshalb und in welchem Sinne das Wort „benutzt", wenn die Bestimmung erschöpfend gemeint ist, in den Paragraphen gesetzt sein kann.

Die Frage, ob und in wie weit dem Publikum die erwähnte Möglichkeit geboten war, wird sich auch später noch entscheiden lassen, weil der Inhalt der Druckschrift eine sichere Unterlage dafür bieten wird, aber was dem Publikum zur Zeit der Anmeldung über den Erfindungsgedanken schon bekannt war, wird sich durch das Befragen von Personen später nur dann mit ähnlicher Sicherheit ermitteln lassen, wenn zu fragen ist, ob zur Zeit der Anmeldung nicht blos die Erfindung, sondern das Benutztsein der Erfindung bekannt war. Das hängt mit der Erfahrung zusammen, dass nicht blos Laien, sondern auch Sachverständige, denen eine Erfindung mitgetheilt worden ist, oft in die Selbsttäuschung verfallen, sie hätten den wesentlichen Inhalt schon früher gekannt, während sie in der That nur eine dunkle Vorstellung gehabt haben, mit einer Spekulation in Richtung der Erfindung umgegangen sind, oder ihnen das Problem vorgeschwebt, aber die Lösungsidee noch gefehlt hat[18]). Danach kann die Antwort Selbsttäuschung.

[18]) Vergl. Kohler, Handbuch des d. Patentrechtes 1900, S. 134.

Engerer Sinn des Wortes „benutzt".

auf die Frage nach dem engeren Sinne des Wortes benutzt im erschöpfend gemeinten § 2 lauten: Es handelt sich um jedes Benutztsein, dessen Spuren als Anhalt dafür dienen können, in wie weit das Publikum die Lösungsidee gekannt haben kann. Ob die oben unter b bis e angegebenen Fälle des Benutztseins dieser Anforderung genügen, wird nur zu entscheiden sein, wenn man alle Nebenumstände, die in solchen Fällen vorliegen, würdigt, aber das lässt sich allgemein aussprechen, dass Fälle der unter 2 bis 5 angedeuteten Art unter Umständen ebenso gut, oder besser der gedachten Anforderung entsprechen können, als Fälle, in denen eine Erfindung wirklich zur Ausführung gebracht worden ist. Dass wirkliche Ausführung dazu nicht nöthig ist, geht schon daraus hervor, dass die Beschreibung in einer Druckschrift genügt. Eine Konstruktionszeichnung, die öffentlich ausgestellt war, und eine handschriftliche Beschreibung der Erfindung sind Beweisstücke, die ebenso sicher nachgeprüft werden können, wie ein nach der Erfindungsidee hergestelltes Produkt oder eine Druckschrift, und es ist oft weniger zu befürchten, dass die zu befragenden Personen sich über den Inhalt der Zeichnung und Beschreibung als über die Bedeutung des Produktes einer Selbsttäuschung hingegeben haben, weil technische Dinge aus Zeichnungen und Beschreibungen, wenn auch nicht immer, so doch oft besser zu verstehen sind, als aus fertigen Produkten.

Die fertige Erfindung.

Eine Erfindung ist fertig, sobald sie im Geiste eines Menschen als die Idee vorliegt, durch die das zu Grunde liegende Problem technisch gelöst ist. Die Erfindung wird schon benutzt, sobald mit dieser Idee operirt wird,

Benutzen durch beschreiben.

sei es nur im Geiste des Menschen — also nicht offenkundig —, sei es durch Kundgebung des Inhaltes der Idee durch die Mittel der Sprache und Schrift an andere Menschen, sei es durch Handlungen, in denen körperliche Dinge der Erfindung gemäss hergestellt oder angewendet, oder in denen die nach dieser hergestellten Erzeugnisse benutzt werden. Da Schanze mit Recht sagt, worin die specifischen Merkmale der Benutzung im engeren Sinne liegen, ist eben den einzelnen Gesetzesbestimmungen zu entnehmen, so ist für die Auslegung des Wortes im § 2 das einzige direkt erkennbare specifische Merkmal, das den oben angegebenen weitesten Sinn einschränkt, dass das Benutztsein so offenkundig sein muss, wie es in dem Paragraphen näher bestimmt ist.

Damit hängt dann zusammen, dass das Benutzen auch nur solcher Art zu sein braucht, dass sich dieses Offenkundigsein danach sicher erkennen und prüfen lässt.

Das Beschreiben im weitesten Sinne, das Darstellen des Erfindungsinhaltes durch Laute, Worte, Schrift oder in Zeichnungen oder Modellen, kann ganz im Einklange mit dem Sprachgebrauche, als eine besondere Art des Benutzens der Erfindung angesehen werden. Der Beschreibende benutzt, indem er beschreibt, die Erfindung, d. i. die Idee, wenn zu nichts anderem, wenigstens dazu, das Wissen der anderen Menschen zu erweitern oder zu vermehren. Es ist nicht ausgeschlossen, dass er das gewerbsmässig thut. Der Zweck, das Wissen zu verbreiten, wird jedenfalls erreicht sein, wenn das Beschriebensein genügend offenkundig geworden ist. Dass z. B. das Veröffentlichen als ein Benutzen angesehen worden ist, geht aus den Motiven des vom Verein deutscher Ingenieure aufgestellten Gesetzentwurfes hervor, in denen es auf S. 29 Zeile 2 u. ff. heisst: „so ist es nothwendig, einen Unterschied zu machen zwischen der Veröffentlichung durch den Druck und der sonstigen Benutzung.“

Will man trotzdem das Mittheilen, das nur Selbstzweck ist, nicht als Benutzen gelten lassen, so muss man dafür doch mindestens jedes Mittheilen ansehen, mit dem noch ein anderer Zweck verknüpft ist oder ein anderer Vortheil absichtlich oder unabsichtlich erreicht wird. Dass Jemand mit dem und durch das Beschreiben der Erfindung diese auch zur Erreichung mancherlei anderer Vortheile benutzen kann, ist aus den oben erwähnten Beispielen d und e zu erkennen. Da das Reichsgericht bei einer Verfahrenserfindung das Mittheilen der Beschreibung, nämlich den Verkauf des Receptes, als Benutzen der Erfindung ansieht, so ist wirklich nicht zu begründen, weshalb bei einer Produktenerfindung das Mittheilen der Beschreibung niemals als Benutzen anzusehen sein sollte. (Vergl. die unter No. 40 u. 41 angeführten Entscheidungen.) Man sage nicht, hier liege nur ein Benutzen der Beschreibung, nicht der Erfindung vor, denn indem jene unmittelbar benutzt wird, findet ein mittelbares Benutzen dieser statt, genau so, wie die Erfindung mittelbar bei der unmittelbaren Benutzung des erfundenen Produktes benutzt wird.

Man hat gewiss Recht, wenn man hervorhebt, dass in diesem Falle wenigstens ein Benutzen der Erfindungsidee gemäss ihrem Hauptzwecke — zur Ausführung gebracht zu werden — vorangegangen ist. Aber die Nebenzwecke, zu denen sich eine Erfindung benutzen lässt, dürfen nicht so ganz unterschätzt werden. Man kann nicht in Abrede stellen, dass nach dem Sprachgebrauche auch das in den Fällen d und e gedachte Benutzen des Umstandes, dass die Erfindung vorliegt, als ein „Benutzen der Erfindung“ bezeichnet wird und im § 2 ist bei dem Worte „benutzt“ keine Beschränkung hinsichtlich des Benutzungszweckes angegeben. Der Sprachgebrauch sollte aber bei der Auslegung des Gesetzes maassgebend sein, so lange nicht zwingende, klare und deutliche Gründe darauf hinweisen, dass bei dieser Auslegung die Bestimmung dem Geiste des Gesetzes zuwiderliefe. An derartigen Gründen, den Sprachgebrauch nicht zu berücksichtigen, fehlt es im vorliegenden Falle ganz.

Benutzen zu Nebenzwecken.

Da im § 2 bestimmt ist, dass ein Beschriebensein in öffentlichen Druckschriften als neuheitszerstörend gilt, so entsteht die Frage, ob daraus geschlossen werden muss, der Umstand, dass eine Erfindung in Folge der Veröffentlichung eines nicht gedruckten Schriftstückes im Inlande

genügend offenkundig geworden ist, gelte nicht als neuheitszerstörend.

„In öffentlichen Druckschriften beschrieben sein" und „im Inlande offenkundig sein" sind bei ein- und derselben Erfindung zwei Umstände, von denen keiner den anderen bedingt und keiner den anderen ausschliesst. Die Angabe des einen Umstandes drückt aber auch keinen Gegensatz zu der Angabe des anderen aus. Daraus, dass bestimmt ist, mit dem einen solle eine gewisse Folge verknüpft sein, lässt sich durchaus nicht schliessen, dieselbe Folge könne oder solle mit dem anderen nicht verknüpft sein. **Benutzen im Gegensatze zu Beschreiben.**

Wenn auch, wie in der unter No. 37 angeführten Entscheidung hervorgehoben ist, aus den Motiven ein Gegensatz zwischen dem Veröffentlichen in Druckschriften im Besonderen und dem Benutzen im Allgemeinen herausgelesen werden kann, so ist damit doch kein Gegensatz zwischen dem Beschreiben *überhaupt* und dem Benutzen gegeben, sondern der Gegensatz ist nur *in einer ganz bestimmten Beziehung* zum Ausdrucke gebracht:

Aus den Motiven des Gesetzes sowohl, als aus den Reichstags- und Enquêteverhandlungen und den Vorarbeiten der Vereine *ist deutlich zu entnehmen*, dass man die *Veröffentlichung in Druckschriften* **nur deshalb** *hervorgehoben hat, um klarzustellen, dass sie auch dann in Betracht kommen soll, wenn sie nur im Auslande stattgefunden hat, dagegen die Offenkundigkeit des Benutztseins nur, wenn sie im Inlande herrscht. Es ist deshalb ein schwerwiegender Irrthum, wenn jetzt herausgelesen wird, Beschreibungen, die nicht in Druckschriften, sondern in anderer Form* **im Inlande** *offenkundig geworden sind, sollten stets ausser Betracht bleiben, auch dann, wenn in ihrer Verwendung ein Benutzen der Erfindung gesehen werden muss*, wie in dem Falle des Verkaufes eines Manuskriptes, das das Recept zu dem erfundenen Verfahren enthält*). Derartiges darf selbst dann nicht aus der Bestimmung herausgelesen werden, wenn man annimmt, sie sei erschöpfend gemeint.

Es ist deshalb jedenfalls möglich, dass der Gesetzgeber im Jahre 1877 das Beschreiben der Erfindung, besonders wenn damit noch etwas Anderes erreicht wird, und das Benutzen der Beschreibung als besondere Arten des Benutzens der Erfindung angesehen hat, ganz in Uebereinstimmung mit dem Sprachgebrauche. Der Gesetzgeber muss es so angesehen haben, wenn er den § 2 erschöpfend gemeint hat, da sonst die Erklärung, es sei die Uebereinstimmung mit dem zu jener Zeit in Deutschland schon geltenden Rechte gewahrt, mit den Thatsachen in Widerspruch gestanden hätte.

Die Frage bleibt unentschieden.

Anders steht die Frage, wenn man zugiebt, es sei höchst zweifelhaft und lasse sich jetzt nicht mehr feststellen, ob der Gesetzgeber ursprünglich die Bestimmung erschöpfend gemeint hat und ebenso ungewiss, ob er im Jahre 1891 die bis dahin bekannt gewordene Praxis habe sanktioniren wollen.

Dann wird man es, wenn auch nicht für klar, so doch für möglich halten können, dass in den Motiven mit dem Hinweise auf das in Deutschland geltende Recht etwa gemeint sein könnte, die im § 2 angeführten Fälle würden auch nach dem geltenden Rechte schon als neuheitszerstörend angesehen worden sein — neben anderen Fällen.

Dann hat man nicht nöthig, danach zu fragen, ob der Ausdruck „offenkundig benutzt“ die erwähnten anderen Fälle deckt und kann für möglich halten, obwohl er sie dabei nicht mehr deckt, dass er etwa soviel bedeuten soll, wie der in dem gleichen Zusammenhange in den Vorar-

*) Die Frage, ob in dem Verkaufe des Receptes ein Benutzen des Gegenstandes der Erfindung gesehen werden darf, mag ganz dahingestellt bleiben, weil sie für die Auslegung der im § 2 enthaltenen Bestimmung unwesentlich ist, aber dass ein Benutzen der Erfindung in einem solchen Verkaufe liegt, ist nicht zu bestreiten.

beiten zum Gesetze oft gebrauchte Ausdruck „durch offenen Betrieb bekannt“, oder kann, wenn man diese Auslegung für zu eng hält, es als Aufgabe der Praxis ansehen, für die Auslegung Grundsätze zu finden und festzustellen, die dem Geiste des Gesetzes entsprechen und für die Handhabung nützlich erscheinen. Hält man die Tragweite der ganzen Bestimmung für so unsicher und es für so unmöglich, aus den Motiven und Vorarbeiten des Gesetzes einen sicheren Anhaltspunkt für die Auslegung des Wortes zu finden, dann mag es freilich — wenn man die Begriffe Erfindung und Erfindungsgegenstand nicht streng von einander unterscheidet — nahe liegen, nur dasjenige offenkundige Benutztsein, bei dem die Erfindung zur Ausführung gebracht ist, als neuheitszerstörend anzusehen. So wird es denn jetzt, wie aus den weiter unten angeführten Auszügen erhellt, in der Praxis angesehen, wenn es sich um das Benutztsein einer Produktenerfindung handelt. Die Praxis ist dazu erst nach einigem Schwanken gelangt, wie aus der Vergleichung der Entscheidung des Reichsgerichts vom 27. Oktober 1880 und derjenigen vom 7. Oktober 1899 hervorgeht (Siehe No. 38 und No. 42 der folgenden Auszüge). Für Verfahrenserfindungen wird jedoch der Grundsatz, dass bei dem Benutzen ein „Zur Ausführung bringen“ der Erfindung vorausgesetzt werden müsse, auch in der Praxis nicht anerkannt (Vergl. No. 40 und 41 der Auszüge). Die unter No. 40 erwähnte Entscheidung ist recent (vom 28. Februar 1900).

Standpunkt der Praxis.

Vorrecht des Patentinhabers.

Es ist zwar richtig, dass der Anmelder einer Erfindung auch das Offenkundigsein jeder Art des Benutzens, auf die ihm nach Ertheilung des Patentes ein Alleinrecht zustehen würde, als Hinderniss für die Patentertheilung gegen sich gelten lassen muss. Dagegen lässt sich die Umkehrung, dass die Offenkundigkeit irgend einer anderen Art des Benutzens nicht als Hinderniss gelten könne, ebensowenig rechtfertigen, wie die Beschränkung auf gewisse Arten des Benutzens, die jetzt in der Praxis Annahme gefunden hat, für die aber nicht einmal der blosse Wortlaut des Gesetzes, abgesehen von seinem Geiste, einen Grund bietet.

Eine Aeusserung Kohlers.

In den Studien zum Patentrecht, Zeitschrift für das Privaten und öffentl. Recht, Wien 1898, Bd. XXV, S. 230 führt Kohler aus:

„Wie unrichtig und formal es ist, so zu argumentiren, dass der Begriff der „Benutzung“ für die Neuheitsfrage derselbe Begriff sein müsse, wie die Benutzung für die Patentverletzungsfrage, ergiebt sich von selbst aus der Analogie der Vorbenutzung im § 5 des deutschen — — — Gesetzes. Danach gäbe es ein Vorbenutzungsrecht auch für diejenigen, welche weder nach dem Erfindungsverfahren producirt, noch die Erfindungsgegenstände gebraucht, sie vielmehr aus dem Auslande importirt und im Inlande verbreitet hätten: wer Produkte aus dem Auslande importirt hätte (und nota bene ohne eine die Erfindung den Sachverständigen kundgebende Offenheit) könnte mithin beanspruchen, auch nachdem die Erfindung im Inlande patentirt worden ist, die Waaren immer noch in bisheriger Weise oder auch in gesteigertem Maasse vom Auslande zu importiren und dadurch den Erfinder zu beeinträchtigen: — — — Aber eine solche Annahme wäre ganz gegen den Geist des Gesetzes: Die Vorbenutzung ist eine Gebrauchs- und Herstellungs-, keine Verbreitungsvorbenutzung, und es ist damit das Argument, als ob im ganzen Patentgesetze „Benutzung“ stets in demselben Sinne zu verstehen sei, widerlegt. — —

— — Die Bestimmungen über Vorbenutzung sind zu Gunsten des Producenten, nicht zu Gunsten des Importeurs gegeben.“

Hiergegen ist zu bemerken, dass sie aber auch zu Gunsten des Konsumenten gegeben sind, der schon deshalb ebenso sehr Berücksichtigung verdient, weil er in Bezug auf das eine Produkt Konsument, aber in Bezug auf viele andere, zu denen er das eine Produkt weiterverarbeitet, oder zu deren Herstellung er es als Maschine braucht, Producent sein kann.

Dass das Wort „Benutzung" in den §§ 35 und 36 sich nicht auf alles das beziehen soll, was nach § 2 als Benutztsein anzusprechen ist, geht schon aus dem in den §§ 35 und 36 enthaltenen beschränkenden Hinweise auf den § 4 hervor, aber Kohlers beabsichtigte Widerlegung kann nicht als gelungen gelten, weil der Schluss, der Vorbenutzer könne die Waaren im gesteigerten Maasse importiren und im Inlande verbreiten und dadurch den Patentinhaber beeinträchtigen, schon wegen des letzten Satzes des § 5 unzulässig erscheint, der lautet: „Derselbe ist befugt, die Erfindung für die Bedürfnisse **seines eigenen Betriebes** in eigenen oder fremden Werkstätten auszunutzen". Da nun die Wirkung des Patentes gegen ihn nicht eintreten soll, so wird er mindestens dann berechtigt sein, das Produkt für seinen etwaigen eigenen Betriebsbedarf nach wie vor zu importiren, wenn es sich um eine Produktenerfindung handelt und wenn er das nunmehr patentirte Produkt vor dem Anmeldetage importirt und in Benutzung genommen, oder die dazu erforderlichen Veranstaltungen getroffen hat. Ob man in dem blossen Weiterverkauf des importirtem Produktes ein „In-Benutzung-nehmen" der Erfindung oder „die zur Benutzung erforderliche Veranstaltung" im Sinne des § 5, zu sehen berechtigt ist, kann hier ganz dahingestellt bleiben, weil es für die Auslegung des Wortes „benutzt" im § 2 jedenfalls nicht maassgebend ist.

Abgrenzung der Begriffe durch Zeichnung.

Wenn in der umstehenden Figur der Kreis I alles Benutzen einer gewissen Erfindung einschliesst, der Kreis II alles Beschreiben derselben, so müssen die beiden Kreise ineinander übergreifen, weil in dem Beschreiben zugleich ein Benutzen liegen kann. Will man annehmen, dass jedes Beschreiben als ein Benutzen angesehen werden muss, so liegt alles Beschreiben der Erfindung in dem Kurvenzweieck a c i w h d, jedenfalls liegt aber innerhalb dieses Zweiecks alles Benutzen, das zugleich ein Beschreiben ist. Wenn alles Herstellen, Inverkehrbringen, Feilhalten und Gebrauchen des Erfindungsgegenstandes zwischen der Sehne b c und dem Bogen b g z c liegt, und alles was gewerbsmässig stattfindet, auf der Fläche zwischen den Kurven x_0 g u m y_0 und x_1 p q r y_1, so liegt alles das, wozu gemäss § 4 der Patentinhaber ausschliesslich befugt ist, auf der von Bogen und Geraden begrenzten senkrecht schraffirten Fläche g u h l m r q p. Dass das hierin begrenzte Thun in den §§ 35 und 36 mit Recht als eine Erfindungsbenutzung angesprochen ist, die, wenn sie ein Anderer als der Patentinhaber unternimmt,

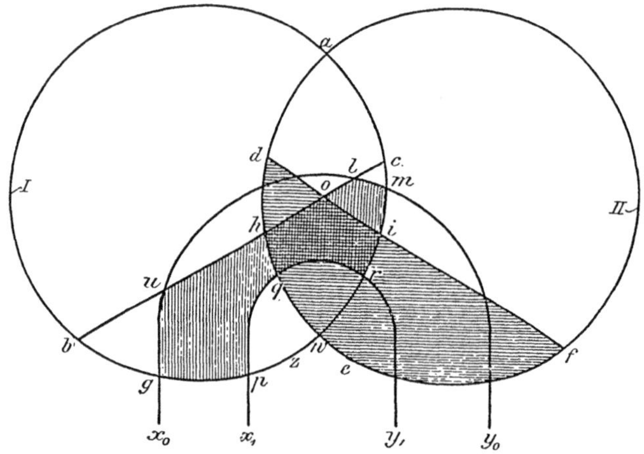

den Bestimmungen des § 4 zuwiderläuft, bildet keinen triftigen Grund für den von manchen Schriftstellern daraus gezogenen Schluss; im § 2 sei in dem Ausdrucke „wenn die Erfindung — — — — benutzt ist“ nur ein Benutzen der in dem Kreisabschnitt b c z g liegenden Art gemeint und nicht vielmehr das von dem ganzen Kreise I eingeschlossene Benutzen, soweit im Inlande offenkundig ist, dass es geschehen ist. Durch analogen Schluss wäre man bei der Gesetzesvorlage vom Jahre 1877 zu dem absurden Resultate gelangt, dass bei manchen Produktenerfindungen das Gebrauchen des Produktes ein Benutzen der Erfindung gewesen wäre, bei anderen nicht. Denn im § 31 der Vorlage hiess es ganz wie im jetzigen § 36: „Wer wissentlich den Bestimmungen der §§ 4 und 5 zuwider eine Erfindung in Benutzung nimmt u. s. w.", nach § 4 der Vorlage sollte aber das Recht zum Gebrauche des patentirten Gegenstandes dem Patentinhaber für die eigentlichen Arbeitsmittel (Maschinen, Arbeitsgeräthe u. dergl.) vorbehalten bleiben, während das gewerbsmässige Gebrauchen anderer patentirter Erzeugnisse nicht unter den § 4 fallen sollte.

Wenn man ferner annimmt, alles Beschreiben in öffentlichen Druckschriften liege in dem wagerecht schraffirten Kreisabschnitt d h e f, der übrige Theil des Kreises II enthalte also alles sonstige Beschreiben der Erfindung, dann ist aus der Figur zu ersehen, dass die im § 2 hinsichtlich der Folgen der ersterwähnten Art des Beschreibens enthaltene Bestimmung keinen triftigen Grund zu dem vom Reichsgerichte in der Entscheidung vom 7. Okt. 1899 (s. No. 42) gezogenen Schluss bildet, dass das Benutzen, das zugleich ein beliebig andersgeartetes Beschreiben der Erfindung ist (auf der Fläche a c i d liegend), trotz Offenkundigkeit nicht neuheitszerstörend wirken soll. Das Reichsgericht hat denn auch in der Entscheidung vom 21. März 1892 (s. No. 28) angenommen, dass ein gewerbsmässiges oder gewerbliches Benutzen durch ungedruckte und nicht öffentliche Mittheilung des Erfindungsinhaltes (auf der Fläche l m i o liegend) bei hinzugetretener Offenkundigkeit neuheitszerstörend wirkt und hat in der Entscheidung vom 28. Febr. 1900 (s. No. 40 und Note 17) wenigstens ausgesprochen, dass in der Mittheilung einer ungedruckten Beschreibung unter gewissen Umständen (Fläche l m i o) ein Benutzen der Erfindung liegt. Weshalb nun die Offenkundigkeit dieses Benutztseins nicht die im § 2 dafür festgesetzte Wirkung haben sollte, ist nicht einzusehen.

In dem 2. Absatz des § 1 des Gebrauchsmustergesetzes vom 1. Juni 1891, in dem es heisst: „Modelle gelten inso- Gebrauchsmustergesetz § 1 Abs. 2.

weit nicht als neu, als sie zur Zeit der — — — Anmeldung bereits — — — im Inlande offenkundig benutzt sind", hat das Wort offenkundig selbstverständlich dieselbe Bedeutung wie im Patentgesetze, aber das Wort benutzt bezieht sich nicht auf die Erfindung, die einem Gebrauchsmuster zu Grunde liegen kann, wenn es wirklich „dem Arbeits- oder Gebrauchszwecke durch eine neue Gestaltung, Anordnung oder Vorrichtung dient", sondern auf das Modell, das der „Gegenstand dieser Erfindung" ist. Daraus und aus der anderen Fassung „gelten insoweit nicht als neu" ergiebt sich schon, dass die bei der Untersuchung über den § 2 des P.G. gefundenen Ergebnisse nicht einfach auf die Bestimmung des Gebrauchsmustergesetzes übertragen werden dürfen.

XII. Liegt darin, dass das erfundene Produkt offenkundig hergestellt ist, stets offenkundiges Benutztsein der Produktenerfindung?

Produktenpatent.

Wenn Kohler nach seinen angeführten Aeusserungen der Ansicht ist, soweit es sich um ein Produktenpatent handelt, könne die Erfindung nur als benutzt (im Sinne des § 2 des P.G.) angesehen werden, wenn ein wirklicher Gebrauch, d. h. die wirkliche bestimmungsgemässe Verwendung des Produktes stattgefunden hat, nicht, wenn blos die Herstellung des Produktes erfolgt ist, so kann man dagegen, wenn man vor der Frage steht, ob das Patent zu ertheilen ist, etwa folgende Ueberlegung anstellen. Sobald das Produktenpatent ertheilt sein wird, wird nach § 4 des P.G. der Patentinhaber ausschliesslich befugt sein, gewerbsmässig das Produkt herzustellen. Deshalb liegt die Frage nahe: Kann und darf ihm dieses Vorrecht noch verliehen werden, wenn doch das Produkt bereits im Inland so offenkundig hergestellt ist, dass die Herstellung danach für andere Sachverständige möglich erscheint? Würde man dadurch, unter solchen Umständen, wenn zu der Zeit kein Patent auf das Produkt besteht, der Allgemeinheit nicht wieder entziehen, was schon ihr „geistiges Eigenthum" ist? Würde es nicht mit der erwähnten im Reichstage geäusserten und unbekämpft gebliebenen Ansicht Lasker's im Widerspruche stehen?

Ganz so einfach ist die Entscheidung nicht. Auf die angeführte Aeusserung Kohler's ist zu erwidern: Es wird darauf ankommen, ob dem Publikum bekannt war, dass sich bei der Herstellung das fragliche Produkt ergeben hat. Wenn dies der Fall ist, kann man sagen, das Publikum habe die Herstellung des Produktes gekannt. Andernfalls könnte es zwar das Verfahren an sich gekannt haben, aber das Benutztsein der Produktenerfindung braucht nicht offenkundig gewesen zu sein. Wenn auch der Ausdruck „Produktenerfindung" angewendet wird, so kann damit selbstverständlich niemals gemeint sein, das Produkt an sich sei eine Erfindung. Diese ist in der technischen Vorstellung, dass und wie das Produkt herzustellen ist, zu sehen. Ist das Produkt neu, so steht dem Anmelder ein Produktenpatent zu. Dem Anmelder der Erfindung einer anderen Herstellung des patentirten und dem Anmelder der Erfindung zur Herstellung eines nicht neuen Produktes können höchstens Verfahrenspatente ertheilt werden.

Wissen des Publikums.

Jede Erfindung ist als eine dem menschlichen Geiste klar vorschwebende Regel zu menschlichem Handeln anzusehen, also gewissermaassen als eine im Geiste vorgestellte Anweisung zum Thun, und Schanze sagt mit Recht, dass diese Anweisung bei der Produktenerfindung auch durch die deutliche Vorstellung des Zieles der Thätigkeit gegeben sein wird. Derjenige, der zuerst gewusst hat ein neues Produkt herzustellen, hat damit auch das Produkt erfunden, denn dass er es herzustellen gewusst habe, kann man nur sagen, wenn er das Bewusstsein gehabt hat, dass das Produkt resultirt. Um ein von Niemandem gewusstes Herstellen des Produktes handelt es sich aber überhaupt nicht, denn offenkundig sein, wie es im § 2 verlangt ist, heisst dem Publikum bekannt sein. Dass dabei **alle** Eigenschaften des Produktes erkannt worden sind, ist nicht nöthig und kaum jemals möglich, denn es giebt kein Produkt, von dem man mit Bestimmtheit sagen kann, dass alle seine Eigenschaften erkannt seien. Diese Forderung kann also nicht eine Voraussetzung dafür sein, dass der Patentinhaber ausschliesslich befugt sein soll, das Produkt gewerbsmässig herzustellen. Etwas anderes ist es, wenn es sich um eine Verfahrenserfindung handelt. Bei dieser wird eben nicht das Produkt patentirt. Die Erfindung des Verfahrens braucht noch keineswegs als offenkundig benutzt angesehen zu werden, wenn das Produkt dem Publikum bekannt ist. Vergl. die unter 36a angeführte Reichsgerichtsentscheidung. Zweifel wären nur in anderer Richtung möglich: Kohler sagt[19]: „Würde dieselbe Maschine, welche unter Zuströmen des Dampfes das eine bewirkt, unter Einwirkung der Elektricität eine ganz andere Funktion ausüben, so würde das Patent für die erstere nicht auch die letztere umfassen; denn das Maschinenpatent ist im eigentlichen Sinne ein Patent für die Maschine als die Bewirkerin bestimmter, in bestimmter Weise sich entwickelnder Bewegungserscheinungen." — — — —

Abgrenzung der Rechte zweier Patentinhaber gegeneinander.

Hierzu ist zu bemerken, dass das Patent für die erstere zwar nicht die Anwendung der Maschine unter Einwirkung von Elektricität umfassen wird, trotzdem aber der Inhaber des ersten Patentes ausschliesslich befugt sein wird, die Maschine gewerbsmässig herzustellen, in Verkehr zu bringen oder feilzuhalten, gleichgültig, ob sie mit Dampf oder mit

[19]) Handbuch des Deutschen Patentrechtes, Mannheim 1900, S. 108 u. 110.

Elektricität gebraucht werden wird, wenn es nur wirklich als Produkt betrachtet dieselbe Maschine ist, die ihm patentirt ist. Einem Anderen kann nur noch patentirt werden, diese Maschine in anderer Art und Weise gewerbsmässig zu gebrauchen, als es in der Beschreibung des ersten Patentes angegeben ist. Der Inhaber des ersten wird dann zu dieser anderen Art des Gebrauchens nicht befugt, und wird selbstverständlich auch nicht berechtigt sein, wissentlich Dritten, welche die Maschine unter Verletzung des zweiten Patentes benutzen wollen, dazu durch Lieferung der Maschine Hülfe zu leisten. (Vergl. Entscheidung des Reichsgerichts vom 29. Jan. 1890. Pat.-Blatt 1890, No. 51 S. 563—572, Gareis, Entscheid. etc. Bd. VIII, S. 268.)

Nur in diesem Sinne ist zuzustimmen, wenn Kohler a. a. O. sagt: „Ebenso ist aber, — — — wenn nur der Erfindungsschutz erworben worden ist, — — — — — es wohl gestattet, dieselbe Raumform zu gebrauchen, sobald dies nur für ein anderes Naturkräftespiel geschieht, sobald die Raumform eine andere funktionelle Bedeutung hat.“

Dies wird so ausgelegt werden müssen, dass ausschliesslich der Inhaber des zweiten Patentes befugt sein soll, die Raumform für das andere Naturkräftespiel gewerbsmässig zu gebrauchen, dass er sie aber nicht ohne Genehmigung des Inhabers des ersten Patentes gewerbsmässig herstellen, in Verkehr bringen oder feilhalten darf.

Das steht allerdings nicht im Einklange mit Kohler's Aeusserung[20]): „Es ist auch der Fall möglich, dass zuerst A. eine Maschine und daraufhin B. ein Verfahren erfindet, in der Art, dass die Funktion der Maschine innerhalb des Verfahrens liegt. Hier ist der Maschinenerfinder nach § 5 des P.G. berechtigt, als Vorbenutzer die Maschine weiter zu benutzen; der Verfahrenserfinder aber darf die Maschine ohne Genehmigung des ersteren nicht für sich benutzen.“

---

[20]) Handbuch S. 117 u. 120.

— — — — Aus dem Zusammenhange ergiebt sich, dass Kohler annimmt, A. und B. haben nacheinander Patente auf ihre Erfindungen erhalten. Richtiger würde es hier heissen: A. ausschliesslich darf die Maschine gewerbsmässig herstellen, aber er darf sie nur noch zu anderen als dem dem B. patentirten neuen Verfahren gewerbsmässig weiter benutzen, wenn er sie nicht vor der Patentanmeldung des B. schon zu diesem neuen Verfahren benutzt hat. Im Uebrigen darf B. allein die Maschine zu seinem Verfahren gewerbsmässig gebrauchen, aber er darf sie nicht gewerbsmässig herstellen. Kohler hebt a. a. O. hervor, dass der Inhaber eines Stoffpatentes das Alleinrecht hat, den Stoff herzustellen, und zwar nicht nur das Alleinrecht, ihn auf bestimmte Weise, sondern das Alleinrecht, ihn überhaupt herzustellen. Was für ein Stoffpatent in dieser Hinsicht gilt, muss doch wohl auch für jedes andere Produktenpatent, also auch für das Maschinenpatent gelten, das Kohler nach den a. a. O. von ihm angeführten Beispielen (Mähmaschine, Guillotine, Papierfabrik, elektr. Apparat u. s. w.) auch zu den Produktenpatenten rechnet*).

Entdeckung einer vorhandenen Wirkung.

Der im Vorstehenden besprochene Fall — dass unter gewissen Umständen eine patentfähige Erfindung darin liegt, ein vorher an sich schon bekannt gewesenes oder von einem Anderen zur Patentirung angemeldetes Produkt zu einem Zwecke zu verwenden, zu dem es bis dahin noch nicht verwendet worden war — dieser Fall darf nicht verwechselt werden mit der blossen Entdeckung einer bei der bisher üblich und bekannt gewesenen Art der Verwendung des bekannten Produktes schon aufgetretenen Eigenschaft oder

*) In der Reichstags-Kommission im Jahre 1877 erklärten die Regierungs-Kommissarien, dass im Sinne des Gesetzentwurfes „Stoffe“ als solche in der Regel nicht Gegenstand der Patentirung seien. Die preuss. Patentbehörde habe diesen Standpunkt stets eingenommen. Die Kommission entschied jedoch, dass die Patentirung von Stoffen, die nicht auf chemischem Wege hergestellt sind, nicht ausgeschlossen sein solle (Bericht der Kommission S. 8 u. 9).

Wirkung, die — obgleich sie vorhanden war — bis dahin noch nicht erkannt worden war. Wenn in einem solchen Falle das Produkt zur Zeit der Entdeckung schon patentirt ist, so gilt das Gleichniss, dass Robolski[21]) braucht, indem er den Patentinhaber als einen Jäger ansieht, der in der Meinung, eine Taube vor sich zu haben, einen Fasan getroffen hat. Derjenige, der nachher entdeckt, dass es ein Fasan ist, kann dem Jäger deshalb doch die Beute nicht streitig machen.

Ein solcher Fall lag nicht vor, als Davy erfand, durch die Anwendung der an sich schon vorher bekannt gewesenen, mit einem Metalldrahtnetze umgebenen Lampe in den Bergwerken bei der Beleuchtung der Räume die Entzündung der dort auftretenden schlagenden Wetter zu vermeiden. Kohler sagt hierzu mit Recht[22]): „M. E. kommt alles darauf an, ob die Sicherheitslampe bereits in Bergwerken, also da, wo ihr eigenthümlicher Effekt sich entwickelt, im Gebrauche war, was Arago verneint: Ces laternes n'étaient en général employées que dans les écuries et les chaumières des indigents. In diesem Falle halte ich die Patentirbarkeit — nicht der Lampe, als des industriellen Produktes, wohl aber des Gebrauches derselben in den Bergwerken — für unzweifelhaft, denn hier liegt eine neue Kombination, die Anwendung der Lampe in der Umgebung explosiver Gase und zur Verhütung der Explosion vor — ebenso wie es eine neue Kombination ist, wenn ein altbekannter Stoff, nachdem man eine neue Eigenschaft an ihm entdeckt hat, zum Waschen, Bleichen, Plätten u. s. w. verwendet wird.“ Hiernach ist anzunehmen, dass Kohler ebenso entschieden haben würde, wenn zu der Zeit, als Davy seine Erfindung angemeldet hatte, bereits ein Produktenpatent auf die Lampe bestanden hätte. Und

Davy's Sicherheitslampe.

---

[21]) Robolski (Direktor im Patentamte), Theorie und Praxis des Deutschen Patentrechtes. Berlin 1890, S. 24.

[22]) Deutsches Patentrecht. Mannheim 1878, S. 47.

mit Recht, denn bei der Anwendung der Lampe im schlagenden Wetter kommt eine Eigenschaft des Metalldrahtnetzes — seine specifische Fähigkeit für Wärmeleitung und Strahlung — zur Wirkung, die bei der Anwendung in den Ställen und Strohhütten nicht mitzuwirken hat, da es sich hier nur um die Verhinderung des Eindringens entzündbarer Theile in die Flamme handelt, hingegen im schlagenden Wetter darum, dass die Fortpflanzung der Entzündungstemperatur von den im Innern des Netzes fort und fort explodirenden Theilen des Gasgemisches auf die ausserhalb schwebende Gasmenge verhütet wird. Ein feuerfestes Netz aus einem Stoffe, der schlechter leitet und strahlt als Metall, würde unter Umständen diese Wirkung nicht ausüben, obgleich es vielleicht in den Ställen u. s. w., schon weil die Explosionen im Innern der Lampe fehlen, nicht so heiss werden würde, dass eine Entzündung von Stroh dabei zu befürchten wäre.

Aber, dass in solchem Falle ein Produkt hergestellt worden ist, was solchergestalt noch nicht hergestellt war, lässt sich nicht behaupten; sondern es ist nur ein Produkt, das schon vorhanden und allbekannt war, in einer neuen Art und Weise angewendet worden. Hierin allein kann also die patentfähige Erfindung noch liegen.

Wenn dies Alles als zweifellos angesehen wird, so ist auch die zuerst angeführte Ueberlegung richtig und ergiebt, dass ein Produktenpatent nicht ertheilt werden darf, wenn das Produkt zur Zeit der Anmeldung bereits im Inlande so offenkundig hergestellt ist, dass danach die Herstellung durch andere Sachverständige möglich erscheint, wenn auch der wirkliche Gebrauch, d. h. die bestimmungsgemässe Verwendung des Produktes noch nicht stattgefunden hat. Wenn dagegen blos das zur Herstellung des Produktes dienende Verfahren offenkundig angewendet ist, ohne dass dem Publikum das Produkt überhaupt bekannt war, also auch ohne dass ihm bekannt war, dass sich das Produkt dabei ergeben hat und bei der

Wiederholung des Verfahrens ergeben wird, so war die Erfindung des Produktes noch nicht offenkundig benutzt und liegt in der Erkenntniss, dass das Produkt so hergestellt werden kann, nicht blos eine Entdeckung, sondern auch die neue Erfindung des Produktes. Der Umstand, dass das Verfahren schon als solches zur Herstellung anderer Produkte patentirt ist, wird dann nicht ausschliessen, dass sowohl für das Produkt, als für die Anwendung des Verfahrens zur Herstellung dieses neuen Produktes ein Patent ertheilt wird.

Widerlegung der Auffassung Kohlers.

Wenn Kohler (a. a. O. S. 191) noch anführt: „Dass ein Erfindungsprodukt durch Funktion im Leerlauf benutzt werde, kann man sicher nicht behaupten, und dass die Gesetzgebung eine solche Funktion nicht als genügend erklärt, um die Neuheit auszuschliessen, ist sehr begreiflich; denn ein endgültiges Urtheil über die Bedeutung und Funktionskraft einer Sache lässt sich nur aus der wirklichen Benutzung gewinnen“ —, so ist dagegen zu bedenken, dass die Gesetzgebung eine Beschreibung in öffentlichen Druckschriften für genügend erklärt, die doch, auch wenn sie noch so klar gehalten sein mag, in vielen Fällen noch weniger geeignet ist, dem Leser ein **endgültiges** Urtheil über die Funktionskraft der beschriebenen Sache zu ermöglichen. Dass das Erfindungsprodukt benutzt sein soll, steht nicht im Gesetze. Dass aber die Erfindung benutzt ist, wenn das erfundene Produkt hergestellt ist, kann man sicher behaupten. Dass diese Thatsache genügend offenkundig ist, kann sehr wohl dadurch herbeigeführt sein, dass das Produkt im Leerlauf vorgeführt worden ist.

XIII. Die Auslegung des Wortes benutzt in der Praxis.

Auszüge aus 7 Entscheidungen des P.A. u. des R.G.

Darüber, wie das Wort benutzt bei Anwendung des § 2 bisher in verschiedenen Fällen vom Patentamte und vom Reichsgerichte ausgelegt worden ist, können die oben unter No. 1, 4, 10, 15, 16, 19, 24, 27, 28, 30 und 36 angeführten und die folgenden Auszüge aus Entscheidungsgründen ein Bild geben:

37. Entscheid. d. P.A. v. 29. 5. 1879. Gareis Bd. I, S. 166 ff. — Pat.-Blatt 1879, No. 40 S. 499.

„Es kommt darauf an, was unter den Worten „offenkundig benutzt" zu verstehen ist, ob und unter welchen Voraussetzungen die Schaustellung als eine offenkundige Benutzung zu erachten ist. — —

— — — Im Uebrigen enthalten die Materialien in der hier beregten Beziehung nur Wiederholungen des Wortlautes des Gesetzes, ergeben namentlich nicht, weshalb nicht der von den Sachverständigen vorgeschlagene Satz, sondern der jetzige Wortlaut des § 2 angenommen wurde. Nur die bedeutsame Thatsache ergiebt sich sowohl aus den letzteren, wie aus den Motiven des Gesetzentwurfes, dass das Wort „Benutzung" vornehmlich gebraucht ist, um den Gegensatz zu den „Druckschriften" zu bezeichnen.

„Ob die Veröffentlichung der Druckschrift", so sagen die Motive, „im Inlande oder im Auslande erfolgt und in welcher Sprache die Schrift verfasst ist, soll einflusslos sein. Dagegen soll die vorgängige Benutzung der Erfindung die Neuheit nur dann ausschliessen, wenn sie offenkundig und im Inlande erfolgt ist."

Nichts nöthigt dazu, unter der „Benutzung" nur eine direkte gewerbliche Verwendung zu verstehen, auch jede andere wirthschaftliche Verwendung ist dahin zu rechnen (Gareis, Kommentar S. 68). Benutzung heisst die wirkliche Durchführung, die Verwirklichung der Erfindung entweder durch die Bethätigung des Verfahrens, oder durch die praktische Anwendung des Arbeitsmittels, welches den Gegenstand der Erfindung bildet (Landgraf, Kommentar S. 20). Aehnlich äussert sich Kohler (Kommentar S. 40): — — — —

— — — — Noch könnte die Frage aufgeworfen werden, ob die Neuheit einer Erfindung auch dann bestritten werden kann, wenn auf andere als die in § 2 angegebene Weise — anders als durch Veröffentlichung in Druckschriften und durch offenkundige Benutzung — die Erfindung bekannt geworden ist (Patentblatt 1878, S. 267 ff.). Wäre diese Frage zu bejahen, so würde man auch auf anderem Wege zu dem obigen Ergebniss gelangen. Indessen erschien es mit Rücksicht auf letzteres nicht erforderlich, auf die in dieser Beziehung bestehenden erheblichen Zweifel einzugehen." — —

[Hierzu ist No. 15 zu vergleichen.]

38. Entscheid. d. R.G. v. 27. 10. 1880. Gareis Bd. II, S. 151—157. — Pat.-Blatt 1881, No. 2 S. 15—16.

„Nach diesen Angaben, deren Wahrheit von dem Berufungskläger nicht in Zweifel gezogen worden ist, haben die Berufungsbeklagten die ihnen patentirte Erfindung einschliesslich eines Modellrahmens mit auswechselbaren Formplatten bereits im Jahre 1877 durch Versendung von Cirkularen mit Zeichnungen den Giessereien zum Kaufe angeboten, worin eine offenkundige Benutzung ebenso zu finden ist, wie in dem öffentlichen Feilhalten des Gegenstandes der Erfindung. Dass Sachkundige im Stande waren nach der durch Cirkulare versandten Zeichnung die Einrichtung eines Modellrahmens mit auswechselbaren Formplatten nicht allein zum Giessen von Heerdringen, sondern auch anderer Gegenstände zu benutzen, unterliegt nach dem Ausspruch der Sachverständigen keinem Zweifel."

39. Entscheid. d. R.G. v. 30. 3. 1883. Gareis Bd. IV, S. 60. — Pat.-Blatt 1883, No. 19 S. 181—182.

„— — — Es ist jedoch zu beachten, dass bei vorliegender Erfindung das Wesentliche nicht in der Art und Weise der Benutzung des fertigen Apparates zum Kopiren besteht, welche sich gewissermaassen von selbst ergiebt, sondern in der Zusammensetzung der zum Kopiren dienenden Masse und der Tinte, welche durch den blossen Gebrauch des Apparates nicht offenkundig wird, deren Kenntniss vielmehr nur im Wege chemischer Analyse, oder durch besondere Mittheilung erlangt werden kann. Dass nun die Zusammensetzung von Masse und Tinte, namentlich in der besonderen Weise wie sie bei dem angefochtenen Patente beschrieben ist, durch die Benutzung der Apparate von Serbe und Jakob bekannt geworden sei, erscheint weder durch die vorliegenden Akten, noch durch die Aussagen der vernommenen Zeugen dermaassen erwiesen, dass auf Grund dieser Beweisergebnisse die Vernichtung des ertheilten Patentes ausgesprochen werden könnte. — — —"

40. Ob die schon in Note 17 erwähnte Entscheidung des Reichsgerichts vom 28. Februar 1900 hier, wo es sich um Auslegung des Wortes benutzt im § 2 handelt, als maassgebend angesehen werden darf, könnte fraglich erscheinen, weil sich die Entscheidung auf einen Fall bezieht, der überhaupt nicht nach § 2, sondern nach den §§ 4 u. 35 zu beurtheilen ist. Aber dieser Zweifel muss wegfallen, da aus den unter 28. und 30. angeführten Entscheidungen zu ersehen ist, dass das Reichsgericht unter einer Benutzung im Sinne des § 35 in jedem Falle auch ein Benutzen im Sinne des § 2 sehen will.

41. In der oben unter No. 28 angeführten Entscheidung vom 21. 3. 1892 hat das Reichsgericht deutlich ausgesprochen, dass eine Erfindung, deren Gegenstand ein Verfahren ist, auch im Sinne des § 2 als offenkundig benutzt gelten könne, ohne dass das Verfahren wirklich zur Anwendung gebracht sei.

Denn wenn dort gesagt wird:

a) Wenn dem Sachverständigen, dem Kenntniss von den zur Anwendung des Verfahrens nothwendigen Einrichtungen gegeben wird, damit zugleich unzweideutig die Kenntniss des Verfahrens selbst vermittelt wird, schliesst die offenkundige Benutzung der Einrichtungen die Neuheit des betreffenden Verfahrens aus —

b) In einem solchen Falle sei eine Benutzung der Einrichtungen wie sie im § 4 Abs. 1 des P.G. bezeichnet ist, dadurch, dass die Einrichtungen gewerbsmässig hergestellt, in Verkehr gebracht, oder feilgehalten werden, von der gewerblichen Verwerthung des Verfahrens durch Mittheilung und somit von einer Benutzung dieses Verfahrens im Sinne des Gesetzes nach Lage der thatsächlichen Verhältnisse nicht trennbar —

c) Die Benutzung eines Verfahrens durch in Verkehrbringen sei durch verschiedene Licenzertheilungen gegen Entgelt bethätigt worden —

so kann das doch nicht anders verstanden werden, als dass, wenn es sich um eine Verfahrenserfindung handelt, das Reichsgericht, auch wenn das Verfahren noch nicht angewendet ist, in der gewerblichen Verwerthung der Erfindung durch Mittheilung des Erfindungsinhaltes ein Benutzen der Erfindung im Sinne des § 2 sehen will.

42. Entscheid. d. R.G. v. 7. 10. 1899. Blatt f. Patent- etc. Wesen 1900, Bd. VI, No. 1 S. 23.

„Hiernach kann es nur darauf ankommen, ob eine Vorbenutzung der Erfindung in denjenigen Vorgängen zu finden ist, welche bezüglich der später als Gebrauchsmuster angemeldeten Fr.'schen „Biertransportflasche" behauptet worden sind. Soweit es sich dabei um vor Anmeldung des Patents hergestellte Modelle und Zeichnungen und deren Mittheilung an eine grössere Zahl von Personen handelt, so ist darin eine Vorbenutzung der Erfindung im Sinne des Patentgesetzes nicht zu finden. Die zeichnerische und modellmässige Darstellung einer gewerblichen Einrichtung fällt in das Gebiet der Beschreibung, die durch Worte, ebenso aber auch auf jede andere sinnfällige Weise geschehen kann.

Die Beschreibung soll aber nach dem Gesetz die Neuheit einer Erfindung nur ausschliessen, wenn sie vermittelst öffentlicher Druckschriften erfolgt ist. Von einer derartigen Vervielfältigung und Verbreitung der Darstellung der Fr.'schen Einrichtung ist nach den Behauptungen des Nichtigkeitsklägers nicht die Rede. Die offenkundige Benutzung einer Erfindung setzt aber deren Uebertragung in die Praxis, zum mindesten also die erstmalige Herstellung des patentirten Gegenstandes, mit der die nutzbare Anwendung der Erfindung ihren Anfang nimmt, voraus. Die Erläuterung eines fertiggestellten neuen Apparats in einer Versammlung oder die öffentliche Ausstellung eines solchen zu dem Zwecke, ihn den Interessenten bekannt zu geben, mag als offenkundige Benutzung der in dem Apparat verkörperten Erfindung angesehen werden, ohne Ausführung des erfundenen Gegenstandes kann dagegen eine Benutzung der Erfindung nicht stattfinden. — —

— — — Um die Neuheit der patentirten Einrichtung zu beseitigen, hat der Kläger den Beweis zu liefern, dass die Erfindung zur Zeit ihrer Anmeldung bereits offenkundig benutzt war. Dazu gehört aber, wie oben ausgeführt ist, die Herstellung eines Apparats, an dem sie in Wirksamkeit trat. Die Herstellung eines solchen bis zum 19. Februar ist aber nicht bewiesen.

Fehlt es aber hiernach an dem Beweise für die offenkundige Vorbenutzung der Erfindung, so versagt der Angriff des Nichtigkeitsklägers gegen das Patent. Die Entscheidung des Patentamtes war deshalb zu bestätigen, was zur Folge hat, dass der Berufungskläger die Kosten seines erfolglosen Rechtsmittels tragen muss. I. 132./99.

43. Entscheid. d. P.A. v. 29. 3. 1900. Blatt f. Patent- etc. Wesen 1900, Bd. VI, No. 6 S. 230/31.

„Nach der ständigen Rechtsprechung des Patentamtes und des Reichsgerichts (zu vergl. insbesondere die Entscheidung des Reichsgerichts vom 7. Oktbr. 1899) — [siehe oben unter No. 40] — setzt die offenkundige Benutzung, wenn es sich, wie im vorliegenden Falle, nicht um ein Verfahren, sondern um ein Erzeugniss handelt, mindestens die erstmalige Herstellung des

Erfindungsgegenstandes voraus, weil erst mit dieser die nutzbare Anwendung der Erfindung ihren Anfang nimmt.

Es muss also zur Herstellung eines gebrauchsfähigen Gegenstandes geschritten und diese muss soweit gediehen sein, dass an dem körperlich Hergestellten das Wesen der Erfindung erkannt werden kann. Die Objektivirung der Erfindung in Zeichnungen und selbst in Modellen fällt in das Gebiet der Beschreibung, die die Neuheit einer Erfindung nicht schon dann ausschliesst, wenn sie auf einem beliebigen Wege anderen Sachverständigen zur Kenntniss gekommen ist, sondern nur dann, wenn sie vermittelst öffentlicher Druckschriften erfolgt ist.

Auch die unmittelbar für die Praxis angefertigten General- und Werkstattzeichnungen stellen keine Benutzung der Erfindung dar, denn sie enthalten keine Herstellung des Erfindungsgegenstandes, sondern bereiten diese nur vor."

XIV. Die Anwendung der Bestimmung über das offenkundige Benutztsein nach der jetzt herrschenden Praxis.

Verfahrenserfindung gegenüber Produktenerfindung.

1. Aus der Vergleichung der oben unter 40 bis 43 angeführten Entscheidungen erhellt, dass die Anwendung der Bestimmung auf Verfahrenserfindungen wesentlich verschieden von der auf Produktenerfindungen ist. Bei einer Verfahrenserfindung wird nicht blos dann die Neuheit fehlen, wenn das Verfahren im Inlande genügend offenkundig angewendet ist, sondern auch schon dann, wenn im Inlande genügend offenkundig ist, dass hier ein gewerbliches Verwerthen der Erfindung durch Verkauf des Receptes zu dem Verfahren, an Jemand, der es gewerbsmässig anzuwenden beabsichtigt, stattgefunden hat. Das

Wort gewerblich wird hier in dem weitesten Sinne, dessen es fähig ist, aufgefasst werden müssen, da auch in der Licenzertheilung gegen Entgelt eine gewerbliche Verwerthung, nämlich ein Inverkehrbringen und Feilhalten des Verfahrens gesehen werden soll. (Vergl. No. 40b und c.) Dagegen wird bei der Produktenerfindung das Verwerthen der Erfindung durch Mittheilen des Inhaltes nicht als Benutzen der Erfindung anzusehen sein, sondern nur das Herstellen oder das Benutzen des erfundenen Produktes.

Ausstellung des Erfindungsgegenstandes.

2. Die Frage, ob eine Erfindung benutzt ist, wenn der Erfindungsgegenstand im Inlande öffentlich zur Schau gestellt ist[23]), wird deshalb, wie in der Entscheidung des Patentamtes vom 9. 2. 1882 (siehe oben unter No. 15), zu bejahen sein, wenn der Gegenstand ein körperliches Erzeugniss ist. Ist der Erfindungsgegenstand ein Verfahren, so wird die Frage nicht blos dann zu bejahen sein, wenn das Verfahren in der Ausstellung praktisch angewendet ist, sondern auch dann, wenn in dem Ausstellen irgend welcher Beschreibungen, Zeichnungen, Modelle oder dergl. ein gewerbliches Verwerthen des Verfahrens durch Mittheilung zu erblicken ist. Ob das Benutztsein im Sinne des § 2 genügend offenkundig ist, wird nach den unter VII. angegebenen Grundsätzen zu entscheiden sein.

Ausstellung nicht gedruckter Beschreibungen.

3. Hiernach ist auffallend, dass durch das Ausstellen oder Mittheilen einer nicht gedruckten Beschreibung oder Zeichnung oder eines Modelles die Neuheit derjenigen Produktenerfindung, deren Gegenstand das beschriebene oder dargestellte Erzeugniss selbst ist, zwar nicht zerstört werden kann, wohl aber unter Umständen die Neuheit einer Verfahrenserfindung, in der die Anwendung des Erzeugnisses eine Rolle spielt. Wodurch dieser Unterschied ge-

---

[23]) Zum Schutze der nicht zur Patentirung angemeldeten Erfindungen, die den zur Weltausstellung geschickten Gegenständen zu Grunde liegen, sind in anderen Staaten bekanntlich besondere Gesetze erlassen worden.

rechtfertigt sein soll, ist aus den Gründen der bisher bekannt gewordenen Entscheidungen nicht zu ersehen.

Gewerbliches Verwerthen durch Mittheilen.

4. Ein gewerbliches Verwerthen des Verfahrens durch Mittheilen dürfte wohl schon dann anzunehmen sein, wenn dadurch der Aussteller oder Mittheilende sich oder Anderen nicht lediglich ideale, sondern wirthschaftliche Vortheile verschafft oder verschaffen will, also nicht etwa blos Ehre, Ansehen, Genugthuung, sondern Erwerb: Vermögensvortheile — vielleicht schon dann, wenn angenommen werden muss, dass er auch nur indirekt Erwerbszwecke bei dem Mittheilen oder Ausstellen fördern will.

Gebrauch des erfundenen Erzeugnisses.

5. Schanze sagt[24]): „Damit ein den Mangel der Neuheit begründender Gebrauch vorliegt, ist aber immer ein die Erfindungsidee realisirender Gebrauch erforderlich. Es genügt nicht jedweder Gebrauch. Wenn Jemand ein Maschinenelement lediglich als Briefbeschwerer verwendet, oder seinen Kindern als Spielzeug giebt, so liegt kein Gebrauch im Sinne des P.G. vor, da in solchem Falle nicht die Erfindung, welche in dem Maschinenelemente verkörpert ist, in Benutzung genommen ist."

Hiergegen ist zu bemerken: Schon dadurch, dass die Erfindung in dem Maschinenelement verkörpert ist, ist sie benutzt, liegt auch schon ein realisirender Gebrauch der Erfindungsidee vor. Wie dieses Benutztsein offenkundig geworden ist, ob dadurch, dass das Erzeugniss als Spielzeug benutzt worden ist, oder auf andere Weise, ist gleichgültig. Entscheidend ist, ob es genügend offenkundig ist, dass das Erzeugniss hergestellt ist. Freilich, wenn der Gegenstand der angemeldeten Erfindung überhaupt nicht das Maschinenelement, sondern die Anwendung des an sich als bekannt vorausgesetzten Elementes zu einem bestimmten Zwecke oder eine Maschine wäre, zu deren Elementen unter anderen auch das als Spielzeug benutzte gehört, so läge die Frage anders, aber das kann

---

[24]) In dem in Note 3 genannten Aufsatze unter I, 5, B, Abs. 4.

Schanze nicht gemeint haben, da er ausspricht, dass die Erfindung in dem Maschinenelemente verkörpert ist und es keiner Erörterung bedarf, dass das offenkundige Benutztsein eines Elementes allein die Neuheit einer Erfindung, die in der Kombination dieses Elementes mit anderen liegt, nicht in Frage stellen kann.

Repariren des Erzeugnisses.

6. Die Frage, ob in dem Wiederherstellen (Repariren) eines erfundenen Erzeugnisses, z. B. einer Maschine, ein Benutzen liegt, ist zu bejahen. Die Erfindung ist schon durch das Herstellen des Erzeugnisses benutzt. Wenn es genügend offenkundig ist, dass es reparirt ist, so ist ebenso offenkundig, dass es einmal vorher hergestellt worden ist.

Musterstücke, Proben, Modelle.

7. Wenn ein der Erfindung gemäss hergestelltes Erzeugniss genügend offenkundig ist, so fehlt der Erfindung die Neuheit auch dann, wenn das Erzeugniss nur als Musterstück oder „Probe" dienen soll, es sei denn, dass es eben nicht wirklich ein der Erfindung gemäss hergestelltes Erzeugniss, sondern ein Modell ist, das nur äusserlich einem solchen Erzeugniss ähnelt, sich aber in manchen Beziehungen wesentlich von ihm unterscheidet, z. B. aus anderem Stoffe hergestellt ist, als aus dem, der für das wirkliche Erzeugniss nöthig ist. Unter diesen Umständen wird nach der herrschenden Praxis auch die Thatsache, dass das Publikum die Erfindung nach dem Modelle vollständig erkannt hat, zum Beweise offenkundigen Benutztseins nicht genügen.

Benutztsein im Auslande, offenkundig im Inlande.

8. Sähe man es für fraglich an, ob die Bestimmung im § 2 erschöpfend gemeint ist, so könnte man aus derselben zwar noch mit Sicherheit schliessen, dass das Offenkundigsein im Auslande auch dann die Neuheit nicht ausschliesst, wenn es sich auf ein Benutztsein im Inlande bezieht, aber die Frage, ob die im Inlande herrschende Offenkundigkeit eines im Auslande vorgekommenen Benutzungsfalles neuheitszerstörend wirkt, wäre nach dem Wortlaute der Bestimmung weder zu bejahen, noch zu verneinen, sondern könnte, da auch die Erklärung in den

Motiven unzuverlässig erscheint (vergl. S. 42 u. 46), nur mit Rücksicht auf den Zweck und Sinn des ganzen Patentgesetzes beantwortet werden. Nach der herrschenden Praxis gilt jedoch auch in solchem Falle die Neuheit nicht als ausgeschlossen. (Siehe unten bei 13.) Ist dagegen das wirkliche Erzeugniss nicht blos im Auslande hergestellt, sondern ist im Inlande genügend offenkundig, dass es **hier** ausgestellt oder in irgend welcher Weise, zweckmässig oder unzweckmässig, benutzt, z. B. reparirt oder zur Probe gezeigt worden ist, so gilt die Produktenerfindung nicht als neu.

Oeffentliches Vorzeigen des Erzeugnisses.

8a. Dass das Patentamt die zu Reklamezwecken erfolgte Vorlegung und Erklärung eines Apparates in einer Versammlung von Gewerbsgenossen als offenkundiges Benutztsein angesehen hat, erwähnt Robolski a. a. O. S. 34.

Versuch des Benutzens.

9. Dafür, ob und unter welchen Voraussetzungen nach der jetzt herrschenden Praxis der Versuch des Benutzens des Erzeugnisses als Benutzen der Erfindung im Sinne des § 2 gelten muss, können die oben unter No. 36 und No. 43 angeführten Entscheidungen als maassgebend gelten, besonders die Sätze: „Und zwar muss die Benutzung in dem Augenblicke als gegeben angesehen werden, in welchem zuerst der erfinderische Gedanke in dem Werke überhaupt seine Verkörperung findet, so zwar, dass die ausführende Thätigkeit, mag sie sich auch der Vollendung noch nicht nähern, doch in ihrer individuellen Art und Richtung erkennbar den Beginn des zur endlichen vollständigen Herstellung führenden Weges darstellt.“ Ferner: „Es muss also zur Herstellung eines gebrauchsfähigen Gegenstandes geschritten und diese muss soweit gediehen sein, dass an dem körperlich Hergestellten das Wesen der Erfindung erkannt werden kann.“

Es muss also im Sinne der herrschenden Praxis offenkundig sein, dass der Erfindungsgedanke schon in dem Erzeugnisse soweit verkörpert worden ist, dass er daraus erkannt werden konnte.

Zeitpunkt des Offenkundigseins.

10. Da in der Bestimmung das Perfectum praesens des Zeitwortes benutzen angewendet ist, so kann nicht herausgelesen werden, die Erfindung solle in dem Augenblicke benutzt worden sein, in dem die Anmeldung erfolgt ist, aber die Behörde muss überzeugt sein, dass bereits und noch in jenem Augenblicke genügend offenkundig war, dass die Erfindung benutzt war. Dann genügt stets schon ein einziger Fall des Benutzens[25]).

Wie lange vorher die Handlung des Benutzens etwa schon beendigt war, ist gleichgültig. Nur muss die Thatsache der Benutzung sich noch **so** feststellen lassen, dass die Behörde zu der Ueberzeugung gelangt, sie sei im Wesentlichen so geschehen, wie sie dem Publikum bekannt ist. Diese Ueberzeugung wird die Behörde auch ohne einen direkten Beweis anderer Art dann gewinnen, wenn die Offenkundigkeit in dem ausgedehnten Maasse besteht, wie sie nach § 291 (264) der Civilprocessordnung erforderlich ist und zwar diese unbedingte Offenkundigkeit auch bei der Behörde besteht.

Kohler sagt a. a. O. S. 194—195: „Noch klarer ist es, dass eine einmal eingetretene Offenkundigkeit nicht durch nachträgliche Geheimnisspflicht rückgängig gemacht werden kann (Reichsgerichtsentscheid. v. 6. 11. 1894, Patentblatt, S. 1)." Dagegen ist klar, dass die einmal eingetretene Offenkundigkeit so lange als wieder erloschen angesehen werden muss, als es allen Personen, die die Thatsache wissen, thatsächlich gelingt, die Weiterverbreitung des Wissens im Publikum zu verhindern. Dass die Offenkundigkeit wieder erloschen ist, sobald Niemand mehr die Thatsache kennt, ist selbstverständlich.

Zeit der Anmeldung.

11. Die „Zeit der auf Grund dieses Gesetzes erfolgten Anmeldung" ist nicht etwa der Zeitpunkt, in dem durch

---

[25]) Hierfür nennt Kohler, a. a. O. S. 194 folgende Entscheidungen: Patentamt 13. 2. 1878; Patentblatt 1881, S. 29, 34; Reichsgericht 1. 2. 1881; ib. 1881, S. 95, 98; Reichsgericht 29. 1. 1890; Patentblatt 1890, S. 563, 571; Myer, § 6486.

die Anmeldung den vorgeschriebenen Anforderungen (§ 20 des Patentgesetzes) genügt ist, sondern es ist der Zeitpunkt, in dem die schriftliche Anmeldung von dem dazu bestimmten Beamten im Patentamte mit der Eingangsnummer bezeichnet worden ist. (Siehe jedoch No. 12.) Vergl. § 27 der vom 1. Juni 1891 datirten Kaiserlichen Verordnung zur Ausführung des Patentgesetzes, Reichsgesetzbl. S. 349. Eine Begründung giebt Seligsohn, Patentgesetz, Berlin 1892, S. 21 bis 23, No. 3 bis 5. Der genannte Zeitpunkt ist und bleibt also auch dann der für die Bestimmung im § 2 maassgebende, wenn die Anmeldung Mängel zeigt, die erst beseitigt werden müssen, damit den Anforderungen (§ 20) genügt ist. Natürlich kann aber von der Anmeldung einer Erfindung nur die Rede sein, wenn sich aus der an das Patentamt gerichteten Eingabe klar ergiebt, dass und worauf der Bewerber ein Patent wünscht. (Vergl. Robolski in dem in Note 21 genannten Werke, S. 81.) Nachdem einmal eine solche Erklärung abgegeben und damit der Anmeldetag festgelegt ist, können im Rahmen derselben Anmeldung nur noch solche Aenderungen der Angaben zugelassen werden, durch die am Wesen der Erfindung nichts geändert wird, und zwar sind sie bis zu dem Beschlusse über die Bekanntmachung der Anmeldung zulässig. Für wesentliche Aenderungen der Erfindung bedarf es besonderer kostenpflichtiger Anmeldungen.

Ausführlich haben die Frage der Feststellung des Anmeldetages behandelt Dr. Damme (Abtheilungsvorsitzender im Patentamte) in der Zeitschrift: „Gewerblicher Rechtsschutz und Urheberrecht", 3. Jahrgang 1898, S. 1 und S. 257 und Dr. Springer in demselben Jahrgange, S. 59.

Feststellung des Einganges.

12. Da im Patentamte nicht die Stunde und Minute des Einganges, sondern nur der Tag festgestellt wird, so ist, soweit es sich um die Beurtheilung der Neuheit gemäss § 2 handelt[26]), der Tag der kleinste in Betracht zu

[26]) Dagegen ist für die Feststellung der Priorität der Anmeldungen im Sinne des § 3 auch für die am gleichen Tage eingegan-

ziehende Zeittheil. Die Neuheit der Erfindung wird z. B. nicht aus dem Grunde als zerstört angesehen werden können, dass an dem Tage der Anmeldung zu einem früheren Zeitpunkte als dem der Bezeichnung der Eingabe mit der Eingangsnummer, eine Druckschrift veröffentlicht worden ist, die die vollständige Beschreibung der Erfindung enthält.

Der Begriff „Inland".

13. Als Inland im Sinne des § 2 ist das Deutsche Reich anzusehen; nach einem Aufsatze von Dr. Seligsohn[27]) sind jedoch auch die Schutzgebiete des Deutschen Reiches dazu zu rechnen, nicht die Konsulargerichtsbezirke. Ob die Praxis sich dieser Auffassung anschliessen wird, ist fraglich. Für die §§ 5 und 11 kommt Seligsohn zu dem gleichen Resultate, dagegen weist er nach, dass mit dem Worte Inland im § 12 nur das Bundesgebiet des Deutschen Reiches gemeint sein könne. Sicher ist, dass Helgoland zum Inlande gehört, da es durch ein besonderes Reichsgesetz für Bundesgebiet erklärt worden ist. Es dürfte der Ansicht Seligsohn's zuzustimmen sein, dass es nur darauf ankommt, dass der Ort, an dem die Benutzung stattgefunden hat, zur Zeit der Anmeldung zum Inlande gehört — nicht, ob schon zur Zeit der Benutzung[28]). (Vergl. oben bei 8.)

Benutzung durch den Erfinder selbst.

14. Ob Derjenige, der die Erfindung benutzt hat, der Erfinder oder der Anmelder selbst ist oder nicht und ob das Benutzen mit dem, ohne, oder gegen den Willen des Erfinders oder des Anmelders geschehen ist, ist nach dem deutschen Gesetze gleichgültig.

---

gene Anmeldung nach den Eingangsnummern zu ermitteln, in welcher Reihenfolge sie eingegangen sind.

[27]) In der Zeitschrift: „Gewerblicher Rechtsschutz und Urheberrecht, 4. Jahrgang, 1899, No. 5, S. 137—142.

[28]) Seligsohn, Patentgesetz 1892, S. 28.

XV. Schluss.

Wie oben dargelegt worden ist, kann für die Beantwortung der Frage, ob einer gewissen Erfindung wegen offenkundigen Benutztseins die Neuheit fehlt, nicht entscheidend sein, wie und unter welchen Umständen sich der Benutzungsvorgang im Inlande abgespielt hat, sondern nur, was dem inländischen Publikum zur Zeit der Anmeldung von dem Benutztsein bekannt war. Wie ferner gezeigt worden ist, verträgt sich die enge Auslegung, die dem Worte benutzt, zwar nicht seit je, aber in neuester Zeit, wenigstens für Produktenerfindungen in der Praxis gegeben wird, erstens nicht mit der Annahme, dass die ganze Bestimmung § 2 Abs. 1 erschöpfend gemeint sei, und zweitens steht sie durchaus nicht mit dem Sprachgebrauche in Uebereinstimmung. Rückblick.

Mit dem in den Vorarbeiten zu findenden Ausdrucke: „im Betriebe benutzt“ stimmt die jetzige Auslegung des Wortes nicht überein und eine Uebereinstimmung damit herbeizuführen, wäre erst recht falsch, weil in den Vorarbeiten die Bestimmung auch noch die Worte „oder anderweitig bekannt“ enthielt.

Man hat damals vermuthlich bei dem Worte Betrieb nicht den Geschäftsbetrieb, zu dem das In-Verkehr-bringen und Feilhalten des Erfindungsgegenstandes gehören würde, sondern nur den Werkstättenbetrieb (gewerbliches Herstellen und Gebrauchen des Gegenstandes) im Sinne gehabt. Da sehr viele an sich der Patentirung zugängliche Erfindungen überhaupt nicht für den Werkstättenbetrieb bestimmt sind, wäre es unzulässig nach Streichung der Worte „oder anderweitig bekannt“ die Bestimmung mit den Worten „im Betriebe benutzt“ noch als erschöpfend anzusehen.

Es kommt hinzu, dass bei der jetzigen Praxis das Wort für Verfahrenserfindungen wesentlich anders ausgelegt wird, als für Produktenerfindungen, ohne dass ein triftiger Grund für diese Verschiedenheit zu erkennen ist

Herrschende Praxis.

Es ist nicht zu verkennen, dass im Deutschen Reiche nach der jetzigen Auslegung des Wortes „benutzt" manche Erfindungen als „neu" anzusehen sein werden, die im landläufigen Sinne schon allgemein bekannt sind, Erfindungen die deshalb nach dem früheren deutschen Rechte nicht hätten patentirt werden dürfen und für die auch jetzt etwaige in Grossbritannien, in den Ver. Staaten von Nordamerika, in Frankreich und der Schweiz erworbene Patente, wenn Jemand die Mühe und Kosten, sie anzufechten, nicht scheut, nicht aufrecht zu erhalten sein würden. Wenn auch eine Vergleichung der ausländischen Gesetze mit dem deutschen bei der Verschiedenheit der Principe auf denen sie beruhen und zum Theil auch deshalb, weil in den ausländischen die Begriffe Erfindung und Erfindungsgegenstand nicht so klar unterschieden sind wie im deutschen, nicht ohne Weiteres zulässig erscheint, so ist doch klar, dass es für die deutsche Industrie von Nachtheil sein muss, wenn hier dasjenige patentirt, also einem Einzelnen, der auch ein Ausländer sein kann, vorbehalten bleibt, was in jenen Staaten, die als Hauptkonkurrenten der deutschen Industrie auf dem Weltmarkt anzusehen sind, als Gemeingut gilt. Dieser Nachtheil muss freilich in den Kauf genommen werden, so weit er mit der gerechten Bestimmung zusammenhängt, dass die Offenkundigkeit des Benutztseins nur neuheitszerstörend sein soll, wenn sie im Inlande herrscht, aber eine Vermehrung des Nachtheiles durch zu enge Auslegung des Wortes „benutzt", sollte vermieden werden.

Altbekannte Erfindungen, die vielleicht früher zu geringen gewerblichen Nutzen versprochen haben, um zur Ausführung gebracht zu werden — mögen sie jetzt lohnender erscheinen, oder auch jetzt nur in Ausnahmefällen mit Vortheil anzuwenden sein —, werden nach der herrschenden Praxis als „neu“ angesehen werden, wenn Niemand es der Mühe werth gefunden hat, sie in einer Druckschrift zu beschreiben und die vereinzelten Fälle der Ausführung sich nicht nachweisen lassen, wenn auch Verständigungen und Urkunden darüber, dass das Produkt hergestellt, oder das Verfahren angewendet werden kann, nachzuweisen sind und dies in den Kreisen der Sachverständigen im ausgedehntesten Maasse offenkundig ist. Dem Anmelder wird das Patent in solchen Fällen wohl manchmal Nutzen bringen, aber im Sinne des Gesetzes dürfte es nicht liegen, dass der Allgemeinheit wieder entzogen ist, was doch zur Zeit der Anmeldung bereits Gemeingut war. Was dem Patentinhaber in solchen Fällen Freude bereitet, kann Anderen sehr zum Leide gereichen, wenn jener mit Entschädigungsklagen und Strafanträgen hervortritt.

Bei der herrschenden Praxis würde Jemand, der in einer öffentlichen Versammlung dem Publikum eine Erfindung vorbehaltlos mittheilt, Gefahr laufen, dass einer der Zuhörer oder Jemand der von einem solchen die Nachricht erhalten hat, danach auf dieselbe Erfindung noch ein unumstössliches Patent erhält. Es könnte sonach dem Mittheilenden selbst und dem Publikum das Recht der gewerbsmässigen Ausnutzung der Erfindung wieder entrissen werden.

Die Bestimmung des § 5 würde dem Mittheilenden in solchem Falle ebensowenig nützen, wie die Bestimmungen des § 3 des Patentgesetzes, da nach der Auslegung, die jetzt dem Worte „benutzen“ gegeben wird, noch viel weniger angenommen werden würde, dass er die Erfindung „in Benutzung genommen“, oder die dazu erforderlichen Veranstaltungen getroffen hat. Es wird sich kaum behaupten lassen, der Patentinhaber habe in solchem Falle den wesentlichen Inhalt seiner Anmeldung aus den Beschreibungen und Zeichnungen des Mittheilenden ohne dessen Einwilligung entnommen, da die Erfindung vielmehr ihm, wie dem ganzen Publikum, zur beliebigen Benutzung mitgetheilt worden ist und er selbst nicht einmal in der Versammlung gewesen zu sein braucht.

Wollte man aber auch Arglist annehmen, so wird es doch kaum möglich sein, die widerrechtliche Entnahme zu beweisen, da für die Beweiserhebung hierüber der Parteieneid ausgeschlossen ist. Schwerwiegender ist noch, dass der Allgemeinheit ohne triftigen Grund ihr gutes Recht entzogen wird.

Kohler (a. a. O. S. 186 u. 187) äussert bei einer Erklärung über die erforderliche Deutlichkeit und Vollständigkeit der in einer öffentlichen Druckschrift erschienenen Beschreibung der Erfindung:

Allgemeine technische Kenntnisse.

> „Es genügt aber, wenn die technische Kunde im Momente der Patentanmeldung genügend vorgeschritten ist, um die Druckschrift so zu verstehen, dass ein Sachverständiger danach die Erfindung nachmachen kann, auch wenn zur Zeit, wo die Druckschrift erscheint, die Kenntnisse noch nicht soweit entwickelt sind. Man muss also die Veröffentlichung und die allgemeine technische Kunde, wie sie zur Zeit der Patentanmeldung bebesteht, kombiniren; man muss die Veröffentlichung zur Zeit der Veröffentlichung und ihr Verständniss zur Zeit der Patentanmeldung in Betracht ziehen: denn wesentlich ist, was die Menscheit zur Zeit der Patentanmeldung, also zur maassgebenden Zeit in Bezug auf die Erfindung hat; sie hat aber das, was sie zu dieser Zeit aus der Veröffentlichung entnehmen kann."

Hierzu ist zu bemerken: Sie hat in noch viel höherem Maasse das, was auch ohne die Veröffentlichung der Druckschrift offenkundig ist. Wenn die Summe der beiden Theile: a = Inhalt der Druckschrift, b = Wissen des Publikums, bei der Prüfung auf Neuheit einer Erfindung entgegenzuhalten ist, so muss logischer Weise auch der Theil b allein entgegengehalten werden dürfen, z. B. dann wenn der Werth des Theiles a = 0 ist, denn in diesem Falle kann zu dem Theile b eben eine beliebige Druckschrift als Theil a hinzugenommen werden, wenn sie sich auch nur im entferntesten mit dem Gebiete der Technik befasst, in das die Erfindung fällt. Es wäre der Allgemeinheit gegenüber ungerecht, Verfahrensregeln und technische Maassnahmen, mit denen hier und da ein Vortheil zu erreichen ist und die nachweislich im Inlande dem Publikum bekannt sind, wenn sie auch unter den gegenwärtigen Verhältnissen der Industrie nicht zur Anwendung oder Ausführung gelangen, gerade deshalb zu patentiren, weil sie dem Publikum schon so in allen Theilen bekannt sind, dass jeder Schriftsteller sie, als Gemeinplätze, unerwähnt gelassen hat.

Kohler fährt a. a. O. fort:

> „Die zur Ergänzung dienende technische Kenntniss kann entweder die allgemeine Kunde sein, die der Techniker schon mitbringt, es kann aber auch eine Kunde sein, die sich der Techniker im einzelnen Falle aus allgemein zugänglichen Erkenntnissquellen schöpft. Nicht nur das, was der Techniker als allgemeines Ergebniss der Wissenschaft kennt, sondern alles technisch Notorische ist als Theil der technischen Kunde zu betrachten, mit anderen Worten: es genügt die specielle Sachkunde, die der Techniker sich verschafft, wenn er an die Sache herantritt. Diese specielle Sachkunde kann der Techniker natürlich anderen Druckschriften entnehmen, aber auch offenkundigen Benutzungen, oder auch sonstigen Erscheinungen, die ihm offenkundig vor Augen liegen, seien es Naturerscheinungen, seien es Erscheinungen des Technik.“

Dass Kohler hierzu auch öffentlich geschehene Mittheilungen rechnet, die nicht in Druckschriften vorliegen, sondern nur handschriftlich geschehen sind, geht daraus hervor, dass er besonders die in der Auslegehalle des Kaiserlichen Patentamtes zwei Monate hindurch ausgelegten nicht gedruckten Beschreibungen von Erfindungen anführt*).

Danach wäre nicht einzusehen, weshalb dasjenige Wissen, was durch einen öffentlichen Vortrag oder durch Vorzeigung einer nicht gedruckten Zeichnung, etwa mit Hülfe des Bildwerfers (Projektionsapparates), erwiesenermaassen dem grossen Publikum vorbehaltlos zur Kenntniss gebracht worden ist, nicht zu der allgemeinen Kunde gerechnet werden sollte. Das Ergebniss ist also, dass, auch wenn die Bestimmung im § 2 als erschöpfend angesehen wird, es unumgänglich nöthig ist, alles das als nicht neu anzusehen, was zur Zeit der Anmeldung im Inlande erwiesenermaassen offenkundig ist, mag es nun gedruckt sein, oder nicht. Bestreitet der Anmelder oder Patentinhaber die Offenkundigkeit, so kann es sich nur darum handeln, dass durch Thatsachen irgend welcher Art klargestellt wird, dass Diejenigen die die Offenkundigkeit behaupten, sich nicht in einer Selbsttäuschung befinden. Dies würde nicht durch Eid über das blosse Wissen der Erfindung

*) Dass der Inhalt dieser ausgelegten Beschreibungen durch die Auslegung an sich offenkundig wird, ist zu bestreiten, weil er Niemandem zur beliebigen Benutzung mitgetheilt wird. Will man trotzdem annehmen, er sei während der zwei Monate offenkundig, so wird doch wenigstens in der Regel nach der Zurückweisung der Anmeldung die Offenkundigkeit erloschen sein, weil das Patentamt dann Dritten nicht mehr den Einblick gestattet. Alsdann wird, da die Druckschrift, nämlich die Veröffentlichung im Reichsanzeiger, nicht vollständig genug ist, in der Regel kein Sachverständiger mehr die Erfindung benutzen können. Die Offenkundigkeit bestände dann wenigstens als eine Folge der Auslegung nur noch, wenn die Kenntniss des Inhaltes der ausgelegten Beschreibung dermaassen in weitere Kreise des Publikums gedrungen wäre, dass Jedermann sie nach Gesetz und Billigkeit in jeder Weise benutzen dürfte, wie es ihm beliebt. In der Regel dürfte dies schwerlich nachzuweisen sein.

selbst erreicht werden, wohl aber durch den Nachweis der Offenkundigkeit genügender Spuren einer früheren Benutzung der Erfindung, oder durch den Eid der Sachverständigen darüber, dass ihnen die Offenkundigkeit des Benutztseins der Erfindung in einer bestimmten von ihnen näher anzugebenden Form bekannt war. Wenn jedoch die Thatsache, dass das Benutztsein der Erfindung zur Zeit der Anmeldung bereits offenkundig war, in dem Umfange offenkundig und auch bei der zur Entscheidung berufenen Behörde offenkundig ist, wie es im Sinne des § 291 (264) der Civilprocessordnung erforderlich ist, so bedarf die Thatsache keines Beweises.

Materielles und formelles Recht.

Materiell ist jeder Anspruch auf ein Patent unberechtigt, wenn die angemeldete Erfindung zur Zeit der Anmeldung dem inländischen Publikum so bekannt ist, dass es danach die Erfindung benutzen kann.

Formell ist aber im Sinne der Bestimmung über das offenkundige Vorbenutztsein die Voraussetzung für die Zurückweisung der Anmeldung oder für die Versagung oder Nichtigerklärung des Patentes gegeben, wenn erwiesenermaasen zu der erwähnten Zeit mit Fug und Recht nach gutem deutschen Sprachgebrauche von der Erfindung zu sagen war: Dass sie bereits im Inlande benutzt ist, ist dem inländischen Publikum so bekannt, dass danach die Benutzung durch andere Sachverständige möglich erscheint.

Da das Wort „benutzen", besonders, wenn es sich, wie hier, auf eine Erfindung, also auf ein Denkgebilde bezieht, nach dem Sprachgebrauche so weiter Deutung, wie oben besprochen, fähig ist, so sollte die Bestimmung auch in Uebereinstimmung damit ausgelegt und angewendet werden und nicht so als wenn im Paragraphen 2 anstatt „Erfindung — — — — benutzt", etwa stände: „Erfindungsgegenstand — — — hergestellt, in Verkehr gebracht, feilgehalten oder gebraucht". Wenn der Gesetzgeber diese ausserordentlich viel engere Vorschrift für zweckmässig angesehen hätte, so würde er die angeführten Worte wohl schon im § 2 und nicht erst im Paragraphen 4 gebraucht haben.

Hält man sich hinsichtlich der beiden Worte „offenkundig“ und „benutzt“ einfach an den Sprachgebrauch, so wird man bei der Anwendung der Gesetzesbestimmung weder gegen das formelle, noch gegen materielles Recht oder Gerechtigkeit verstossen.